すぐに役立

家事事件
手続法の
しくみと手続き
実践書式50

弁護士　　弁護士
森 公任　森元みのり [監修]

三修社

はじめに

　家族をめぐる法律問題というのは私たちにとって身近な問題です。

　たとえば、「離婚する際の財産分与や養育費の問題」「子供を認知する」「氏名の変更」「養子を迎える」「両親が亡くなったため財産を相続する」など、夫婦や親子、相続をめぐる法律問題やトラブルと一切かかわらずに一生を過ごすという人はいないのではないでしょうか。

　家庭内の紛争にかかわる事件のことを一般的に家事事件と呼びます。

　家庭内のトラブルの解決方法は基本的には当事者の話し合いです。離婚であれば当事者間での協議離婚、相続であれば相続人同士の遺産分割協議といった形で、大半の問題は解決するケースが多いと思います。

　離婚を例にとると、協議離婚といった形で、大半のトラブルは大きな争いになることなくおさまります。ただ、夫婦のどちらかが離婚に反対し、財産分与・慰謝料・養育費・親権などをめぐり双方の意見対立が激しい場合には、簡単に話し合いがまとまらないこともあります。

　家事事件の場合には、いきなり訴訟を起こすことはできないので、家庭裁判所を通した家事調停や家事審判の申立が必要になります。複雑なトラブルであれば、結果的には専門家に相談するということになりますが、当事者が手続きの内容を理解しておくことでスムーズに問題が解決することもあります。

　本書は、話し合いによって解決を望むことを前提に夫婦・親子、成年後見、相続などの法律問題と手続きを解説しています。家事事件については、家事事件手続法の内容を踏まえた上で、家事調停や家事審判の審理の流れなどについて記載しています。

　本書を通じて、家庭内の不安や負担を少しでも取り除くことができ、皆様のお役に立つことができれば幸いです。

監修者　弁護士　森　公任

弁護士　森元　みのり

Contents

第3章　親子関係の法律問題と書式

第1章

家事事件手続法のしくみ

家庭内のもめごとと家庭裁判所による解決法

● 家庭内トラブルは家庭裁判所が扱う

　夫婦間や家族間のもめごとは、生じないに越したことはありませんが、いくら注意しても思い通りにいくとは限りません。トラブルに巻き込まれた時になって慌てないように、解決に至るまでの基本姿勢を把握しておくことは、非常に大事なことです。

　まず、トラブルが発生しても、いきなり訴訟で全面的に争う事態は避けたいものです。家庭内トラブルのように、相手方がよく知っている人で、紛争解決後もつき合いが続くような場合には、なおさら訴訟は避けたいものです。夫婦関係や親子関係は、一般の財産関係とは異なり、法律以前の関係ともいえます。しかし、それでも紛争が発生することがあります。しかも、夫婦間の争い、親子間の争い、相続関係の争いなどは、家事事件といいますが、いったん発生すると、一般の財産関係の争いよりも厄介なことになることが多いのです。

　そこで、家事事件に関しては、人間関係の特殊性を理解した上で、一般の民事事件とは異なった処理が必要になります。そこで、家事事件を扱う法律である家事事件手続法と、この法律に基づいて家庭裁判所で行われる家事調停や家事審判という制度が設けられています。

● 家事事件には４つのグループがある

　家庭裁判所は、家族間の争い、夫婦間の争い、相続関係の争いなどに関する家事事件と、20歳未満の者（少年）の犯罪行為などに関する少年事件を扱う裁判所です。家庭裁判所では、非公開の手続きによって家事事件や少年事件を処理しています。そして、家事事件といわれるものは、大きく４つのグループに分かれています。

第1のグループが、家事事件手続法の別表第1に列挙されている事件（別表第1事件）です。別表第1事件が扱うのは、本来紛争性がなく、家庭裁判所が当事者の意思に拘束されずに、公の立場から判断すべきとされている事項です。このことから、別表第1事件については家事審判のみが行われ、家事調停は行われません。

　第2のグループが、家事事件手続法の別表第2に列挙されている事件（別表第2事件）です。別表第2事件が扱うのは、当事者間の合意に基づく解決を期待することができる事項です。このことから、別表第2事件については家事審判だけでなく、家事調停を行うこともできます。一般的には、家事調停が行われることが多いです。

　第3のグループは、人事訴訟法という法律に定められている人事に関する事件（離婚や離縁に関する事件は除外）であり、婚姻関係や親子関係など、当事者の処分を許さない戸籍に関わる事項を扱います。第3のグループに関する家事調停は「特殊調停」と呼ばれており、調停前置主義（まず家事調停を申し立て、その後でなければ人事訴訟や通常の民事訴訟などの訴訟を提起することができないという原則）が採用されています。

■ 家事審判・家事調停手続きの流れ ……………………………

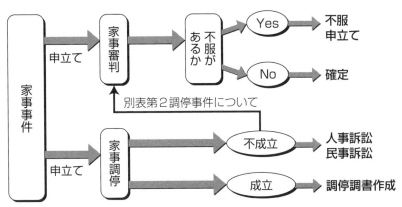

第4のグループは、第1～第3のグループに含まれない事件と、人事に関する事件のうち離婚と離縁に関する事件です。第4のグループに関する家事調停は「一般調停」と呼ばれており、調停前置主義が採用されています。

◉ 調停開始後から審判手続きまでの流れ

家事調停は、原則として、家事審判官と家事調停委員で構成される調停委員会によって行われ、調停委員会の積極的な説得と相互の譲り合いにより、当事者間の合意が形成されるように努力が払われます。

しかし、調停不成立になっても、第2のグループでは、自動的に審判手続きに移行し、家事審判が行われます。

また、第2、第4のグループの事件では、家事調停が不成立になっても、家庭裁判所が相当と認めるときは、家事調停委員の意見を聴いた上で、一切の事情を考慮して、職権で調停に代わる審判が行われます。

なお、第3のグループでは、当事者間に審判を受けることについて合意が成立しており、申立てに関する事実につき当事者間に争いがない場合には、家庭裁判所が必要な事実の調査を行い、合意が正当と認めるときは、職権で合意に相当する審判が行われます。第3のグループは、当事者の処分を許さない事項であり、調停によって解決することができないため、合意に相当する審判を行うという形を採用しています。これに対し、第3のグループで調停不成立のときは、人事訴訟によって争うことになります。

家事事件手続法の全体像

どんな法律なのか

　家事審判や家事調停に関する事件を家事事件といい、この家事事件の手続きについて規定しているのが家事事件手続法です。

　家事審判に関する事件（家事審判事件）とは、当事者の申立てや裁判官の職権によって審判（家庭裁判所が行う終局的判断のこと）の手続きが始められた事件のことです。また、家事調停に関する事件（家事調停事件）とは、申立てによって調停が始められた事件、訴訟や審判の前提として行われる調停に関する事件をいいます。調停は当事者間の自主的な紛争解決手段であることが、審判とは異なります。

別表第1事件と別表第2事件

　家事事件手続法では、別表第1と別表第2に家事事件の対象となる事件が列挙されています（16ページ図参照）。別表第1に記載された事件が別表第1事件、別表第2に記載された事件が別表第2事件です。

　別表第1事件は、当事者が自らの判断で処分ができない権利が関わる公益性のある事件であり、当事者間の合意によって解決することができる性質ではないため、家事調停の対象ではなく、もっぱら家事審判のみによって取り扱われる事件です。たとえば、成年後見人の選任や失踪宣告に関する事件などが、別表第1事件に該当します。

　別表第2事件は、当事者が自らの判断で処分ができる権利に関する争いであり、当事者間の話し合いによる解決が期待される事件であり、家事審判だけでなく、家事調停でも取り扱われる事件です。たとえば、婚姻費用の分担や財産分与に関わる事件などが、別表第2事件に該当します。

なお、別表第1と別表第2の他に、前述した第3、第4のグループ
に関する事件も、家事事件に含まれます（11〜12ページ）。

🔘 家事事件にはどのような特徴があるのか

　家事事件では、当事者が感情的に対立するケースが多く、多くの人
に影響を与えるので、裁判所が解決のため積極的に動く必要があります。
　このような観点から、通常の民事訴訟とは異なり、家事事件では家
庭裁判所が積極的に事件の調査を行うことができます。具体的には、
通常の民事訴訟では、裁判所は当事者の主張が妥当かどうかのみを判
断し、当事者の提出する証拠のみをもとにして事実認定を行うのに対
し、家事事件の場合、家庭裁判所は、当事者の主張に拘束されず、か
つ当事者の提出する証拠に限定されず、事実関係の調査や事実認定を
行うことができます。
　さらに、家事事件は、迅速に解決する必要性が高いものが多いとい
えます。そこで、当事者が遠隔地に在住する場合などは、テレビ会議
システム（当事者同士が裁判所に出頭せず電話によって審理を行うこ
と）を利用した調停や審判の手続きを活用することが認められていま
す。ただし、離婚や離縁の調停では、テレビ会議システムによって調
停を成立させることができない（審理はテレビ会議システムで行うこ
とが可能）という制約があります。

🔘 手続きは非公開で行われる

　家事事件では、家庭内の事情など、当事者のプライバシーに踏み込
んだ審理を行う必要があります。そのため、家事事件の当事者は手続
きが公開で行われることを望んでいません。もし手続きが公開で行わ
れると、家庭内の事情などを社会に知られることを嫌がる当事者が真
実を述べない可能性があります。そこで、家事事件の手続きは原則と
して非公開で行われます。家事事件の記録の閲覧も、当事者などのプ

ライバシーが侵害されないように制限がなされています。

● 家事事件の手続きの流れ

　家事事件の種類によって手続きも異なります。まず、別表第1事件は、家事審判により手続きが終了する事件であるため、別表第1事件について家事調停はできません。家事審判に対する異議申立て（不服申立て）は、原則として即時抗告に限定されています。

　これに対し、別表第2事件は、家事審判と家事調停のどちらによっても手続きを始めることができます。家事審判によって手続きが開始された場合、手続きの途中で調停に移行することができます。また、当事者が審判を申し立てた場合であっても、裁判官が話し合いによる解決を図った方がよいと判断したときは、調停による解決を試みることができます。

　一方、家事調停によって手続きが開始された場合、調停が不成立となったときは、自動的に家事審判手続きに移行します。ただし、調停不成立になった際、正式な審判手続きに移行しなくても、家庭裁判所は調停に代わる審判をすることができます。調停に代わる審判に対して当事者が異議を述べなければ、それが確定して事件が終了します。これに対し、調停に代わる審判に対して当事者が異議を述べた場合は、正式な審判手続きに移行します。なお、家事審判に対する異議申立てが原則として即時抗告に限定される点は、別表第1事件と同様です。

　また、人事訴訟（離婚の訴えと離縁の訴えは除外）を行うことができる事件（前述した「第3のグループ」のことです、11ページ）については、訴訟提起前に家事調停を行う必要があります（調停前置主義）。調停手続きの中で、当事者が事実関係を争わなければ合意に相当する審判が行われ、その審判に対して当事者が異議を述べなければ事件は終了します。これに対し、当事者が異議を述べた場合は合意に相当する審判の効力が失われるため、当事者は人事訴訟を提起して争うこと

になります。この点は、調停不成立の場合も同様です。

　さらに、離婚・離縁に関する事件や民事訴訟の提起ができる家庭に関する事件（前述した「第4のグループ」のことです、12ページ）については、訴訟提起前に家事調停を行う必要があります（調停前置主義）。調停不成立になった際、家庭裁判所は調停に代わる審判を行うことができます。調停に代わる審判を行わなかった場合や、当事者が調停に代わる審判に対して異議を申し立てた場合、当事者は訴訟を提起することができます。

■ 別表第1、第2事件の概要 ……………………………………

●別表第1事件（24項目134種類）
①成年後見（後見開始など）、②保佐（保佐開始など）、③補助（補助開始など）、④不在者の財産管理（不在者財産管理人選任）、⑤失踪の宣告（失踪宣告など）、⑥婚姻等（夫婦財産契約による財産の管理者の変更）、⑦親子（子の氏の変更など）、⑧親権（親権喪失など）、⑨未成年後見（未成年後見人選任など）、⑩扶養（扶養義務の設定など）、⑪推定相続人の廃除（推定相続人廃除など）、⑫相続の承認及び放棄（限定承認の申述の受理など）、⑬財産分離（財産分離など）、⑭相続人の不存在（特別縁故者に対する相続財産の分与など）、⑮遺言（遺言の検認など）、⑯遺留分（遺留分の放棄など）、⑰任意後見契約法（任意後見監督人の選任など）、⑱戸籍法（戸籍の訂正など）、⑲性同一性障害者の性別の取扱いの特例に関する法律（性別の取扱いの変更）、⑳児童福祉法（措置の承認など）、㉑生活保護法等（施設への入所などの許可）、㉒　心神喪失等の状態で重大な他害行為を行った者の医療及び観察等に関する法律（保護者の選任など）、㉓破産法（管理権の喪失など）、㉔中小企業における経営の承継の円滑化に関する法律（遺留分の算定に係る合意についての許可）

●別表第2事件（9項目17種類）
①婚姻等（夫婦間の協力扶助に関する処分など）、②親子（祭具等の所有権の承継者の指定）、③親権（親権者の指定・変更など）、④扶養（扶養の順位の決定など）、⑤相続（祭具等の所有権の承継者の指定）、⑥遺産の分割・分割の禁止、⑦寄与分を定める処分・特別の寄与に関する処分、⑧厚生年金保険法の按分割合に関する処分、⑨扶養義務者の負担すべき費用額の確定

家事審判の対象と手続き

家事審判ではどのような事件を取り扱うのか

　審判事件は、家事事件手続法の別表第1に掲げる事項に関する事件（別表第1事件）と、家事事件手続法に別表第2に掲げる事項に関する事件（別表第2事件）に分けられています（前ページ）。

　家事審判で扱う事件にはさまざまなものがあります。

　たとえば、後見・保佐・補助に関する事項について審判が行われます。具体的には、後見人・保佐人・補助人の選任や解任について家庭裁判所が審判をします。遺産分割や婚姻費用の分担といった事項についても審判が行われます。金銭の支払いをめぐる事件についても、家庭裁判所は審判を行います。

　この他にも、多くの種類の事件について、家事審判が行われます。

家事審判はどのように申し立てるのか

　家事審判の申立ては、家庭裁判所に申立書を提出することで行います。

　申立書には、当事者と法定代理人の氏名・住所、申立ての趣旨と理由を記載します。申立ての趣旨と申立ての理由はそれぞれ分けて記載する必要があります。また、家事事件の手続が同種のものであり、審判を求める事項が同一の原因に基づく場合には、2つ以上の事件を一緒に申し立てることもできます。

　申立書に必要事項が記載されていない場合には、裁判長は当事者に対して申立書の内容を修正するように命じます。当事者が修正に応じない場合には、裁判所は申立書を却下（必要な条件を満たしていないとして申立書を受け付けないこと）します。また、手数料が納付されない場合にも、申立書は却下されます。

申立書に記載した申立ての趣旨や理由の変更は、審判を求める事項の基礎となる事実に変更がない場合に可能となります。たとえば、変更前に提出された資料を変更後の審理に流用できる場合には、基礎となる事実に変更がないものとして、申立ての変更ができる可能性が高いといえます。審判の期日においては、申立ての変更は口頭ですることができますが、それ以外の場面では書面を提出する必要があります。

● 期日での審理はどのように行われるのか

　家庭裁判所は、審判の期日に事件の関係人を呼び出します。家庭裁判所は、呼び出した者から直接に事情を聴取します。

　呼び出しを受けた事件の関係人は、原則として審判の期日に出頭する必要があります。やむを得ない事情がある場合には、代理人を出頭させることができます。呼び出しを受けた事件の関係者が正当な理由なく出頭しなかった場合には、家庭裁判所は5万円以下の過料を支払うように命じることができます。ただし、当事者が遠隔地に居住している場合には、審判の期日に電話会議システムやテレビ会議システムを利用することが可能です。

　家事審判の当事者は、審判の資料となる証拠を家庭裁判所に提出することができますが、家庭裁判所も、自ら事件の調査を行い、自由に審判の資料となる証拠を収集することができます。当事者は、裁判所による証拠収集を補完するために、裁判所の行う調査に協力する必要があります。

　家事事件における事実の調査は、家庭裁判所が家庭裁判所調査官に対して事実の調査を命じて行われます。審判の期日に家庭裁判所調査官を立ち会わせることもできます。家庭裁判所は、審判に大きな影響を与える可能性がある場合には、調査の結果を当事者や利害関係人（審判を受ける者や審判の結果により直接影響を受ける者など）に通知する必要があります。

● 審判手続きの終了と不服申立て

　家庭裁判所は、十分に審理を行った後、審判を行います。審判を行うことで審判手続きは終了します。

　審判は、審判を受ける者に告知を行うことで効力が生じます。また、審判を行う際には、家庭裁判所は審判書を作成します。

　また、審判手続きは、審判の申立てを取り下げることでも終了します。申立ての取下げは、審判の中で裁判所の判断が示される前に行う必要があります。ただし、別表第2の事件については、裁判所の判断が示される前はもちろん、審判が確定する前であれば取下げが可能です。裁判所の判断が示された後で審判が確定する前に取下げを行う場合には、相手方の同意を得る必要があります。

　審判に対して不服がある者は、即時抗告（法律で規定されている一定の事件についてのみ行うことができる不服申立て）ができます。即時抗告を行うことができる期間は、家事審判の告知を受けた日から2週間以内です。即時抗告が認められれば、高等裁判所による再審理が行われることになります。即時抗告をせずに2週間が経過した場合や、即時抗告が認められなかった場合には、審判は確定します。

■ 家事審判の流れ ………………………………………………………

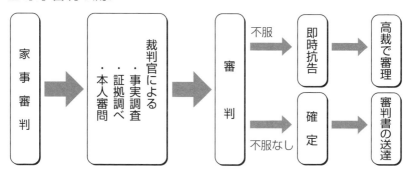

4 家事調停の対象と手続き

● 家事調停ではどんな事件を扱うのか

　調停とは、当事者の話し合いによってお互いが納得して合意することで、争いの解決を図る手続きです。家事調停の対象となる事件は、家事事件手続法の別表第2に掲げる事項に関する調停事件（別表第2調停）、特殊調停事件、一般調停事件に分けられます。

　別表第2調停事件としては、たとえば、養育費の請求や婚姻費用の分担に関する事件などがあります。別表第2調停事件については、当事者は家事調停と家事審判のどちらでも申し立てることもできます。当事者が家事審判を申し立てた場合でも、裁判官が当事者間で話し合いをした方がよいと考えた場合には、調停を行うことができます。

　特殊調停事件は、認知や親子関係の不存在確認、嫡出否認に関する事件などがあります。特殊調停においては、当事者間で合意が成立すれば、合意に相当する審判が行われます。特殊調停では、当事者間で原因の有無について争いがない場合には、一定の手続きを経て、家庭裁判所が正当と認めたときに、調停の成立に代えて、合意に相当する審判が行われます。

　一般調停事件は、家庭に関する事件のうち、別表第2調停と特殊調停を除いた事件であり、離婚事件などがあります。

　家事調停を行う裁判所（土地管轄といいます）は、原則として相手方の住所地を基準にして決められます。また、当事者間の合意によって家事調停を行う裁判所を定めることもできます。

　民事調停の対象となる事件など、家事調停の対象ではない事件について調停の申立てがなされた場合には、家庭裁判所は、職権で事件を地方裁判所または簡易裁判所に移送します。また、家事調停の対象と

なる事件であっても、事件処理のために必要があれば事件を地方裁判所または簡易裁判所に移送することができます。

● 家事調停はどのように行われるのか

家事調停では、家庭裁判所の裁判官（または家事調停官）1人と、民間の有識者から選ばれた家事調停委員2人で構成される調停員会が、当事者の双方から意見を聴き、問題の解決に向けた助言やあっせんを行います。

調停委員は最高裁判所によって任命されます。原則として、40歳以上70歳未満の者の中から任命され、任期は2年です。

また、家事調停は、裁判官の代わりに家事調停官と呼ばれる弁護士経験のある非常勤の裁判官によって行われることもあります。

家事調停に参加する当事者は、原則として、申立人と相手方本人です。ただし、当事者が未成年者や成年被後見人の場合、本人みずから調停を行うことが認められていないため、法定代理人や後見人が当事者となります。

● 家事調停の申立てはどのように行うのか

家事調停の申立ては、申立書を家庭裁判所に提出して行います。申立書には、当事者、法定代理人、申立ての趣旨、申立ての理由などを記載する必要があります。申立ての理由の欄には、どのような紛争が起こっているのかについて記載します。申立書に不備があり、裁判所が申立書の記載を修正するように求めたにもかかわらず当事者がそれに応じなかった場合には、申立書は却下（必要な条件を満たしていないとして申立書を受け付けないこと）されます。最初に申し立てた際の事実の基本的な部分に変更がない場合には、申立ての内容を変更することが可能です。

調停の申立てが行われた場合には、申立書の写しが相手方に対して送付されます。

● 調停前置主義とは

　家事事件について訴訟を提起しようとする場合には、まず調停を申し立てる必要があります。このことを調停前置主義といいます。

　訴訟手続きは公開の法廷で行われることを原則としていますが、家庭問題に関わる事件を、いきなり公開の法廷で審理することは、プライバシーの問題などが生じるため、家庭の平和を維持するという観点から望ましくありません。そのため、まず調停によって紛争解決の道を探ることになっています。

　家事調停の申立てをせずにいきなり訴訟が提起された場合には、裁判所は職権で調停を開始します。

● 調停期日ではどのような審理が行われるのか

　調停期日では、調停委員会が、調停の成立のために必要な代理人の許可、傍聴の許可、手続きの併合、申立ての変更などを行います。また、調停委員会は、委員会に配属されている裁判官に対して事実の調査を命じたり、裁判官を通じて家庭裁判所調査官や裁判所書記官に調査を行うように命じることができます。また、調停の場所は、事件の実情を考慮して裁判所の外で行うこともできます。

　調停では、調停員が公正中立な立場で、原則として当事者双方の話を交互にかつ別々に聴いて、当事者双方の言い分や争いとなる点を整理し、その内容を双方に伝えます。当事者の説明が不十分である場合には、調停委員は当事者らに対して補足をするよう促し、助言をしたり、合意が成立するように手助けをしたりします。

　なお、家事審判と同様に、呼び出しを受けた事件の関係者が正当な理由なく出頭しなかった場合には、家庭裁判所は5万円以下の過料を支払うように命じることができます。ただし、当事者の一方が遠隔地に居住しているといった理由で裁判所に出頭できない場合には、電話会議システムやテレビ会議システムを利用することができます。

さらに、出頭できない当事者が裁判所に書面を提出することで調停を成立させることもできます。

● 調停の成立と不成立

調停における話し合いによって当事者間で合意が成立して、調停委員会がこの合意を相当であると認めた場合には、調停は成立し、合意内容を調停調書という書面に記載して、調停手続きは終了します。

調停調書に記載された内容は確定判決と同じ効力を有します。つまり、調停調書を根拠として強制執行（26ページ）が可能になります。

一方、調停委員会は、合意が成立する見込みがないと判断した場合には、調停は不成立となり、手続きは終了します。調停不成立となった場合には、その旨を調停調書に記載します。

また、当事者は、調停の申立てを取り下げることができます。調停の申立てが取り下げられた場合には、調停が終了し、最初から調停が行われていなかったことになります。さらに、調停委員会は、事件の

■ 裁判所の調停室の様子 ··

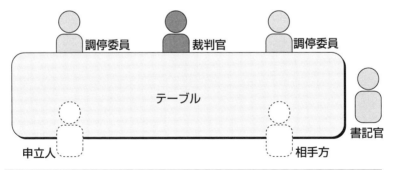

調停委員　　裁判官　　調停委員

テーブル

書記官

申立人　　　　　　　　　相手方

※申立人と相手方は原則として同席しない。したがって、調停委員などが申立人（相手方）と話し合いをしている間、相手方（申立人）は席を外すのを原則とする。

性質上、調停を行うことが妥当でないと判断した場合には、調停を行わないものとして手続きを終了させることができます。

● 合意に相当する審判とは

特殊調停（20ページ）において、当事者間で申立ての趣旨の通りの審判を受けるという合意が成立した場合には、裁判所はその合意が正当かどうかを見極め、正当であると認めた場合には、当事者間の合意と同じ内容の審判を行います。これを、合意に相当する審判といいます。

合意に相当する審判が確定すると、確定判決（23ページ）と同一の効力が認められます。合意に相当する審判を行う際には、審判書を作成します。内容としては、申立人が主張している事実と裁判所の認定した事実などを記載します。

特殊調停においては、調停が不成立の場合、解決のためには、当事者は家庭裁判所に人事訴訟を提起する必要があります。

● 調停に代わる審判とは

通常、調停が成立しない場合には、解決を求める当事者によって、人事訴訟の提起が行われます。しかし、当事者間での主張がほとんど異ならないのに、時間や労力、コストのかかる訴訟を行うことは不経済です。そのため、わずかな意見の食い違いで合意に至らず調停が不成立となったような場合には、家庭裁判所によって、調停に代わる審判が行われます。

調停に代わる審判とは、審判事件の「審判」とは意味合いが異なる別の制度です。家事事件手続法が施行される前から調停に代わる審判の制度はありましたが、家事事件手続法により、対象が拡大され、別表第2（16ページ図参照）で示されている事件について、調停に代わる審判が認められるようになっています。

調停に代わる審判が確定すれば、審判書が作成されます。作成され

た審判書は確定判決と同一の効力を有するものなので、審判書をもとにして強制執行をすることが可能です。

調停に代わる審判が行われた後は、調停の申立てを取り下げることはできません。審判に対して不服がある当事者は、申立ての取下げではなく審判に対する異議の申立てを行います。異議の申立期間は、調停に代わる審判が行われた日から2週間です。

なお、離婚と離縁の調停事件を除いて、当事者が調停に代わる審判に服する旨を共同で申し出た場合には、当事者は調停に代わる審判に対して異議を申し立てることはできません。

■ 調停の手続き（離婚調停の場合）……………………………………

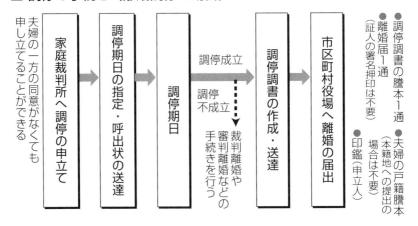

家事事件における強制執行・履行の確保の手続き

● 家事事件における強制執行と履行の確保

　家事事件において、家庭裁判所による調停や審判などによって養育費や慰謝料、婚姻費用などが定められたとしても、義務者がこれらを支払わないという場合があります。このような場合、裁判所に対して、強制執行という、権利者の権利内容を強制的に実現してもらう手続きを申し立てることによって、義務者に強制的に支払わせることができます。さらに、家事事件手続法は、より簡単な履行の確保の方法として、裁判所から義務者に対して「履行勧告」や「履行命令」を発することを申し立てることができるとしています。

● 履行勧告・履行確保とはどのようなものか

・履行勧告

　履行勧告とは、権利者から申し出があった場合に、家庭裁判所が審判や調停などで定められた義務などの履行状況を調査した上で、義務者に対してその義務などの履行をすることを勧告して、義務者に任意の支払を促す制度です。

　履行の勧告の申し出は、原則として、その義務などを定めた家庭裁判所に対して行います。履行勧告の申し出は、書面でも、電話などの口頭でもすることができ、費用はかかりません。

　家庭裁判所は、審判で定められた義務や、調停または調停に代わる審判で定められた義務などが正しく履行されているかどうかや、履行されていない理由は何かなど、履行状況を調査します。履行勧告の対象となる義務には、養育費や慰謝料などの金銭の支払義務だけでなく、夫婦の同居や子の引渡し、面会交流などに関する義務も含まれます。

調査の結果、正当な理由なく義務が履行されていない場合には、義務者に対して義務を履行するように勧告します。この勧告には法的な効力はありませんが、権利者本人が直接義務者に対して催促するよりは効果的です。

・履行命令

　履行命令とは、審判や調停などで定められた金銭の支払などの財産上の給付を目的とする義務を履行しない者に対して、家庭裁判所が、相当と認める場合に、権利者の申立てによって、義務者に対して、期限を定めてその義務の履行をするように命ずる審判です。

　履行命令の申立ては、書面または口頭で行う必要があり、履行確保の申し出と異なり、手数料がかかります。

　なお、面会交流や子の引渡しのように、財産上の給付を目的としない義務については、履行命令の対象ではなく、家庭裁判所が履行命令を発することはできません。

　家庭裁判所は、履行命令を発する場合には命令書を作成し、義務者に対して、違反した場合の法律上の制裁について告知する必要があります。正当な理由なく履行命令に従わない者に対しては、家庭裁判所は10万円以下の過料の支払いを命じることができます。

● 強制執行手続きには３点セットが必要となる

　審判や調停で定められた養育費や慰謝料などを義務者が支払わない場合において、国家機関による強制的な権利の実現方法である強制執行の手続きを利用することによって、たとえば、裁判所や執行官などの執行機関が義務者の財産を差し押さえて、競売にかけてお金に換え、それを権利者に渡すなどの方法によって、権利者の権利が実現されます。

　強制執行をするためには、まず、強制執行の根拠となる債務名義が必要となります。債務名義には、裁判所の判決や調停調書、家事審判書の他、執行受諾文言付公正証書や和解調書・仮執行宣言付支払督促

などがあります。債務名義があれば、訴訟を提起しなくても強制執行をすることができることになります。

　ただし、債務名義があるだけでは強制執行をすることはできません。裁判所に対し、債務名義の末尾に「強制執行をしてもよい」という執行文を付与するよう申し立てる必要があります。さらに、強制執行を行うためには、相手方に対して債務名義を送達する必要があります。相手方に債務名義の送達がなされると、債権者は「送達証明書」を入手することができます。送達証明書は、債務者に「こういう内容の強制執行をします」という予告でもあります。「債務名義・執行文・送達証明書」の3点セットがそろってはじめて強制執行をする準備ができたことになります。

● 執行機関による強制執行

　執行機関とは、強制執行を行う権限がある国の機関をいいます。通常は地方裁判所か、地方裁判所にいる執行官が執行機関となります。

　相手方のどのような財産に強制執行するかについては、基本的に債権者の自由です。相手方の所有する不動産を対象にすることもできますし、家財道具などの動産や、給与や銀行預金などの債権を対象にすることもできます。強制執行の対象によって、多少手続きに違いがありますが、強制執行の手順としては、まず、執行官が、相手方の財産を差し押さえ、それを競売にかけて売り払います。売り払った代金から、債権者の取り分を渡した後、残りがあれば相手方に返還するという流れになります。よく行われるのが給与や預貯金など、相手の債権に対する強制執行です。

● 養育費や婚姻費用の分担金を差し押さえるときの特則

　債権執行が行われるケースのひとつに養育費（子育て教育のために必要な費用）や婚姻費用（別居期間についての、妻側の生活費など）

の未払い分の請求があります。離婚した妻が元夫に対する請求が代表的なケースです。離婚時に定めた約束通りに支払いが行われればよいのですが、支払いが行われない場合には養育費請求権や婚姻費用請求権を確保するために、債権執行を利用し、相手方の給与債権を差し押さえることもできます。差押えの財産には預貯金や不動産の他、毎月の給料などがあります。通常の債権を根拠として差押えをするときは、債務者の給与（税金などを控除した手取り額）の4分の3は差押えができません。つまり、給与の4分の1を限度として差押えができます。

　しかし、養育費など（養育費・婚姻費用分担金・扶養料など）の場合は、養育費などの支払いを受ける者を保護するため、差押禁止の範囲が減少し、原則として給与の2分の1まで差押えができます。ただし、給与が月額66万円を超える場合は、差押えが禁止されるのは33万円までであるため、2分の1以上の差押えができます。

　また、養育費や婚姻費用の分担金など、夫婦・親子その他の親族関係から生ずる扶養に関する権利については、間接強制の方法（一定の期間内に履行しない場合には間接強制金を課すことを警告することで、

■ 強制執行の手続きの流れ ……………………………………………

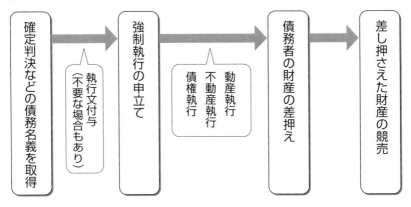

確定判決などの債務名義を取得
→
執行文付与（不要な場合もあり）
強制執行の申立て
債権執行・不動産執行・動産執行
→
債務者の財産の差押え
→
差し押さえた財産の競売

債務者に心理的圧迫を加え、自発的な支払を促す強制執行の方法）による強制執行も認められています。

● 財産開示手続と第三者からの情報取得手続

　養育費の不払いは、とくに母子家庭の貧困化を招く大きな要因となっています。この問題に対処するため、民事執行法では、債権者が債務者の財産に関する情報を取得できる手続きとして「財産開示手続」が定められています。養育費を支払わなくなった相手方の財産の情報がわかれば、養育費の回収も可能となります。しかし、従来の財産開示手続は実効性に乏しい制度でした。そのため、令和2年4月に改正民事執行法が施行され、後述するように財産開示手続の改善が図られるとともに、新たに「第三者からの情報取得手続」が定められました。

　従来の財産開示手続きは確定判決などを有する債権者に限られていましたが、仮執行宣言付き判決（確定前の判決）や執行証書（強制執行認諾文言付き公正証書）を有する債権者も申立てができます。たとえば、協議離婚をした際、元夫が養育費の支払いが滞ったときに強制執行を受け入れることを公正証書で取り決めたとします（これが執行証書に該当します）。その後、元夫が養育費を支払わなくなったときは、訴訟を経ることなく、この公正証書に基づき財産開示手続の申立てができます。

　債権者が財産開示手続の申立てを行い、裁判所がその実施を決定すると、財産開示の期日が指定されます。債務者は期日に出頭し、財産に関する情報を陳述しなければなりません。債務者が、期日に出頭しない場合、出頭しても宣誓しない場合、虚偽の陳述をした場合などについて、従来は30万円以下の過料という軽い制裁（過料は刑事罰ではありません）が科されるだけでした。これが改められ、6か月以下の懲役または50万円以下の罰金という刑事罰が科されることになったた

め、手続きの実効性の向上が図られたといえます。

◉ 第三者からの情報取得手続き

　この手続きで行うことができるのは、①金融機関から預貯金債権、上場株式、国債などに関する情報を取得すること、②市町村や日本年金機構等から給与債権に関する情報（勤務先など）を取得すること、③登記所（法務局）から土地と建物に関する情報を取得することです。

　この手続きの申立てができる債権者は、基本的に財産開示手続の場合と同じです。養育費などの債権者と生命・身体の損害賠償の債権者は、確定判決や執行証書などを有していれば、前述した①・②・③のいずれも申立てができます。それ以外の債権者は、前述した①・③の申立てはできますが、②の申立てはできません。裁判所は、債権者の申立てを認めると、第三者に債務者の財産に関する情報の提供を命じます。第三者は、裁判所に書面で情報を提供します。裁判所は、その書面の写しを債権者に送付します。併せて、債務者には情報の提供がなされたことが通知されます。

　なお、第三者からの情報取得手続では、保険関連は対象とされていないため、たとえば、生命保険の解約返戻金などに関する情報は取得できないことに注意してください。

⑥ 家事事件の保全手続き

● 義務者の財産隠しを封じる

　裁判所による訴訟や審判が行われる場合、判決や審判が確定するまでには一定時間がかかります。その間に相手方が財産や権利を処分してしまう可能性も否定できません。そのため、紛争が解決するまでの間、相手方の財産や権利を勝手に処分させずに確保しておくことが非常に重要です。家事事件においては、義務者の財産などの処分を防ぐための手段として、審判前の保全処分という方法があります。また、家庭裁判所ではなく、地方裁判所での手続きが必要になりますが、慰謝料請求権や養育費請求権といった債権を一般の民事保全手続きで確保することも可能です。

● 審判前の保全処分とは

　家事審判事件が係属している家庭裁判所は、その家事事件について、家事事件手続法に基づいて、仮差押えや仮処分、財産の管理者の選任など、必要な保全処分を命じる審判をすることができます。家事審判事件に係る事項について家事調停の申立てがあった場合におけるその家事調停事件を扱っている家庭裁判所も、同様にこの保全処分を命じる審判をすることができます。

　審判が確定する前に、義務者の財産が減少してしまうと、後日の強制執行が困難になる可能性が出てきます。暫定的に財産を保全するよう命じておけば、審判確定後の強制執行を円滑に行うことができます。

　審判前の保全処分が行われた後に、保全の必要性がなくなった場合には、保全処分の申立てを取り下げる必要があります。保全処分は暫定的な処分なので、処分を行う必要性がなくなった場合には申立てを

取り下げることが可能であるとされています。

　なお、審判対象事件ではなく、訴訟対象事件の場合は、審判前の保全処分をすることはできないため、後述する通常の民事保全手続きによる保全の申立てをすることになります。

◉ 審判前の保全処分の申立手続き

　審判前の保全処分の申立ては、家事審判の申立てや家事調停の申立てと同時に行うのが通常ですが、家事審判などを申し立ててから、審判前の保全処分を申し立てるということも可能です。ただし、家事審判や家事調停を申し立てていない段階で、審判前の保全処分のみを申し立てるということはできません。

　審判前の保全処分の申立てを行う場合、その趣旨と保全処分を申し立てる理由を裁判所に示します。保全処分を申し立てる場合には、申立てに理由があることを、原則として申立人が疎明（一応確からしいことを示すこと）しなければなりませんが、家庭裁判所は、保全処分の必要性があるかどうかにつき調査を行うことができます。また、本案が確定するまでの期間について養育費や婚姻費用などの請求を求めるケースなど、当事者が仮の地位を定める仮処分を求める場合、家庭裁判所は、保全処分の審判を受ける者の陳述を聴いて保全処分を行うかどうかを判断します。

■ 家事事件で利用できる保全処分 ……………………………………

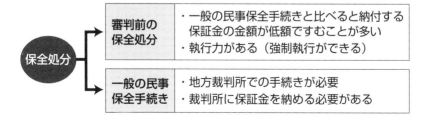

なお、審判前の保全処分について、当事者は申し出により記録の閲覧を求めることができます。ただし、保全処分は、本来相手方の不当な財産隠しなどを防ぐために行われるものであるため、裁判所は記録を閲覧させることが相当といえる場合に限って許可をすることができます。

　家庭裁判所が保全処分を命じる（告知する）ことで、保全の効力が生じ、直ちに執行をすることができます。執行することができるのは、保全命令が告知されてから２週間の間だけです。

　審判前の保全処分の調書については、原則として裁判所書記官が作成しますが、緊急性がある事件の場合には、調書の作成を省略することができます。

● 審判前の保全処分に対する即時抗告や執行停止

　審判前の保全処分を申し立てた者は、申立てが却下された場合には、不服申立てとして、即時抗告を申し立てることができます。ただし、財産の管理者の選任・職務代行者の選任・財産の管理などの保全処分の申立てについては、この申立てが却下されたとしても即時抗告はできません。

　また、家庭裁判所が保全処分を命じた場合にも、保全処分に不服がある者は、即時抗告が可能です。

　審判前の保全処分に対して即時抗告が行われても、それだけでは保全処分の執行は停止しません。ただし、家庭裁判所の審判が取り消される明らかな事情がある場合や、審判が執行されることで償うことができない損害が生じるおそれがある場合には、家庭裁判所は執行の停止や執行の取消しを命じることができます。執行停止や執行の取消しを命じる際には、担保を立てることを条件にすることができます。

● 民事保全手続きとは

　民事保全手続きとは、訴訟の前にあらかじめ、債務者の財産を確保しておくための手続きです。保全手続きは大きく仮差押えと仮処分の2つに分けられます。

①　仮差押え

　金銭の支払いを目的とする債権（金銭債権）のための保全手続きで、金銭債権の債務者が所有する特定の財産について現状を維持させる保全手続きです。たとえば、AがBに対して金銭債権を持っているとします。この場合に、AがBの土地について仮差押えをしたときには、Bがその土地を売却したりする処分を行おうとして制限が加えられます。

　慰謝料や養育費請求権など、金銭債権の確保を目的とするケースでは仮差押えを利用することになります。

②　仮処分

　仮処分は、仮差押えと異なり金銭債権以外の権利を保全するために行われるものです。

　仮処分には、係争物に関する仮処分（物の引渡請求や明渡請求をするため、目的物の現状を維持する処分のこと）と仮の地位を定める仮処分（権利関係が争われている場合に暫定的に仮の地位を定めること）があります。具体的には、占有移転禁止の仮処分や、「審判確定

■ 民事保全の流れ ··

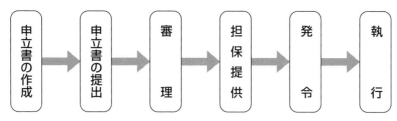

申立書の作成　→　申立書の提出　→　審理　→　担保提供　→　発令　→　執行

に至るまで妻に金〇万円を支払え」といった内容の仮の地位を定める仮処分があります。

● 保全手続きの流れ

　仮差押え・仮処分を利用する場合、まず裁判所に「仮差押命令」「仮処分命令」の申立てをします。民事保全の申立ては、本案（民事保全の申立ての目的である権利についての訴えのこと）を提起する前もしくは同時になされるのが一般的です。この申立ては書面で行うのが原則です。

　申し立てる裁判所は、原則として、債務者の住所地を管轄する地方裁判所ですが、詳細については、民事保全法、民事訴訟法で定められています。次に、その申立てを受けた裁判所が債権者に審尋（面接）などをします。審尋では、保全の必要性や保証金の決定などについて裁判所が債権者に質問をします。さらに、裁判所が決定した仮差押え・仮処分の保証金を納付します。その後に裁判所が仮差押え・仮処分の決定をし、裁判所によって、実際の執行がなされます。

　仮差押え・仮処分の執行方法は、保全処分の内容によっても異なります。たとえば、離婚において、元妻が婚姻費用や養育費を確保するために、元夫の給与債権や預金債権に仮差押えをする場合、第三債務者（給与債権の場合は夫の勤め先、預金債権の場合は金融機関）に対して債務者（この場合は夫）への支払いを禁止する命令が出されます。仮に第三債務者がこの命令に違反して金銭を支払ったとしても、債権者（この場合は妻）に対する関係では効力が認められません。

　債権者はこのように仮の権利を確保した上で、調停や訴訟で権利を確定させることになります。

7 人事訴訟

人事訴訟とはどのような訴訟なのか

　離婚や認知などの争いについて、調停などで話し合いを尽くしても解決に至らない場合に、解決のために家庭裁判所に提起する訴訟を人事訴訟といいます。親子間や夫婦間などの家族内の争いは、お互いが歩み寄り合意に至ることで解決するのが望ましいといえます。そのため、家庭内の争いである家事事件の一部については、家庭裁判所での家事調停による解決の道を探った上でなければ、訴訟の提起ができないことになっています。これを調停前置主義といいます。このような調停前置主義がとられていることが、人事訴訟の特徴のひとつです。

　人事訴訟の対象となる訴訟は、以下のとおりです（人事訴訟法2条）。

① 婚姻関係

　婚姻の無効・取消しの訴え、離婚の訴え、協議上の離婚の無効・取消しの訴え、婚姻関係の存否の確認の訴え

② 親子関係

　嫡出否認の訴え、認知の訴え、認知の無効・取消しの訴え、父を定めることを目的とする訴え、実親子関係の存否の確認の訴え

③ 養子関係

　養子縁組の無効・取消しの訴え、離縁の訴え、協議上の離縁の無効・取消しの訴え、養親子関係の存否の確認の訴え

　①〜③の中で、代表的なものが離婚訴訟です。離婚訴訟では、未成年の子ども（18歳未満の者）がいる場合に離婚後の親権者を指定することの他、財産分与を行うことや、子どもの養育費を支払うことなどを同時に申し立てることができます。

● 人事訴訟の手続きはどのように進められるのか

　家事調停が不成立に終わった後、原則として、当事者（離婚訴訟であれば夫または妻）の住所地を管轄する家庭裁判所に対し、人事訴訟を提起します。ただし、人事訴訟を提起した家庭裁判所と家事調停を行った家庭裁判所が異なる場合には、家事調停を行った家庭裁判所で人事訴訟を取り扱うこともあります。

　人事訴訟の審理手続きについては、人事訴訟も民事訴訟の一類型ですので、基本的には民事訴訟と同様の手続きによって進められます。ただし、事件によって参与員や家庭裁判所調査官が介在してくることが、主として通常の民事訴訟と異なる点です。

　参与員は、社会人としての健全な良識のある者から選ばれます。法律の専門家であることは要しません。そして、人事訴訟の証拠調べなどの審理や和解の試みなどに立ち会い、自ら率直に意見を述べたりして紛争解決のために働きます。参与員の制度は、家庭に関する事件である人事訴訟に対し、一般人の良識を反映させ、より実態に即した解決を図ろうとするものです。これに対し、家庭裁判所調査官は、家庭裁判所の職員であり、医学・心理学・社会学などの専門知識を活用して、事件に関する調査を行います。たとえば、子どもの親権者の指定に関する事件では、実際に子どもに直接面接して調査を行います。

● 人事訴訟の終了と判決に従わない場合の取扱い

　人事訴訟においても、裁判所の最終的な判断である判決の言渡しによって審理手続きが終わり、紛争が解決されることが基本ですが、離婚訴訟や離縁訴訟などでは、当事者同士が合意の上で、裁判上の和解によって審理手続きが終わり、紛争が解決されることもあります。判決や裁判上の和解によって金銭の支払いなどの義務を負うことになった者が、この義務を履行しない場合、強制執行の申立てが可能です。

⑧ 公正証書と活用法

● 公正証書を用いる意義

　離婚の際の慰謝料額の取り決めや、遺言書などを作成する場合には、公正証書にしておくと無用なトラブルを避けることができます。

　公正証書とは、公証人という特殊の資格者が、当事者の申立てに基づいて作成する公文書であり、一般の文書よりも高い証明力が認められるものです。公正証書は、一定の要件を備えることによって、裁判所の判決などと同じく「債務名義」となり、強制執行をすることができます。公証人は、裁判官・検察官・弁護士などの法律実務経験者や一定の資格者の中から、法務大臣によって任命されます。

● 公正証書の作成手続きと費用

　公正証書が必要な場合、公証人が執務を行う事務所である公証役場（公証人役場とも呼ばれます）へ行き、公証人に公正証書の作成を依頼する必要があります。

　公証役場では、受付で公正証書を作成してもらいたい旨を告げ、公証人のところへ案内されます。作成してもらいたい公正証書の内容を、公証人に説明しなければなりません。

　公正証書の作成には、一定額の手数料がかかります。手数料は、財産分与や慰謝料、養育費などの金額によって異なります（41ページ表参照）。

● 公正証書の内容はどのような構成となっているのか

　作成された公正証書の正本は、嘱託人に交付されます。

　この正本に記載される内容は、公証人法によって定められており、

具体的には、①全文、②正本であることの記載、③交付請求者の氏名、
④作成年月日・場所が記載されることになっています。

　このうち、契約の内容などが記載されているのは、①の全文です。

　公正証書の正本に記載されている全文は、２つのパートから成り
立っています。

　１つ目のパートには、具体的な内容（これを本旨といいます）が記
載されています。具体的な内容とは、公証人が嘱託人や嘱託人の代理
人から聞き取ってそれを録取した契約、事実関係に関する部分のこと
です。この本旨は、嘱託人が公正証書に記載してもらいたい内容とし
て伝えた内容を実際に公証人が聞き取って記載したものです。具体的
には、不動産の売買などであればその売買契約の内容、遺言書の場合
には遺言の内容などです。

　もう１つのパートには、公正証書に記載された内容そのものについ
てではなく、公正証書を作成する際の形式についての記載です。この
記載は本旨外記載事項と言い、公正証書独特の記載内容となっていま
す。契約書などを見た場合に、この本旨外記載事項があるかどうかで
その契約書が公正証書による作成なのか、公正証書ではない契約書な
のかはすぐにわかります。本旨外記載事項については、公証人法に
よって、その記載すべき事項が決まっています。具体的には、嘱託人
の住所、氏名、年齢、公正証書を作成した年月日、公正証書を作成し
た場所です。

● 記載の約束事について

　公正証書に記載した内容は、その性質上、簡単に改変されないよう
にしなければなりません。このため、改変しにくいようにするルール
に則って記載することになっています。具体的には、以下のルールに
従って記載されます。

・日本語で記載する（手書きだけでなくワープロも使用可能）

・続けて書くべき文字や行に間ができた場合、黒線で接続する

・日付・金額・番号などの数字は漢数字で記載する

・後で文字を挿入する場合は、挿入する箇所と字数を欄外の余白部分に記載し、公証人と嘱託人が原本に押印する

・文字を削除する場合は、削除部分が読めるように残し、公証人と嘱託人が原本に押印する（正本については公証人だけが押印）

◉ 公正証書で作成しなければならないケースもある

　契約の中には、法律上、契約書を公正証書で作成しなければならない、とされているものがあります。このように法律によって公正証書の作成が義務付けられているのは、公正証書を作成する当事者に、慎

■ 公正証書の作成・執行文の付与などに必要な手数料 …………

（令和2年12月現在）

	目的の価額	手数料
法律行為に関する証書の作成	100万円以下	5,000円
	200万円以下	7,000円
	500万円以下	11,000円
	1,000万円以下	17,000円
	3,000万円以下	23,000円
	5,000万円以下	29,000円
	1億円以下	43,000円
	1億円超～3億円の場合は56,000～95,000円、3億円超～10億円以下の場合は106,000円～249,000円。10億円を超える場合には249,000円に5,000万円までごとに8,000円を加算する	

その他	私署証書の認証	11,000円（証書作成手数料の半額が下回るときはその額）	外国文認証は6,000円加算
	執行文の付与	1,700円	再度付与等1,700円加算
	正本または謄本の交付	1枚　250円	
	送達	1,400円	郵便料実費額を加算
	送達証明	250円	
	閲覧	1回　200円	

重になるように促す必要がある場合や、権利義務関係を明確にする必要性がある場合です。

　たとえば、土地の賃貸借契約の一種である事業用定期借地権設契約が公正証書による契約書の作成が義務付けられている代表例です。家事事件に関するものでは、任意後見契約を結ぶ場合に公正証書での契約書の作成が要求されています。任意後見契約を結ぶ場合、財産管理を依頼する本人と依頼を受けて将来本人のために財産管理を行うことになる任意後見受任者との間で任意後見契約書を作成しますが、この任意後見の契約書を公正証書で作成しなければ、契約が成立しないとされています。

● 公正証書遺言作成の注意点

　一般的な遺言には自筆証書遺言、公正証書遺言、秘密証書遺言の３つがあります。このうち秘密証書遺言とは、遺言状を封じ、その封書を公証人と証人の前に提出して公証人に一定の事項を書き入れてもらい、証人と遺言者が署名する形式の遺言ですが、実務上秘密証書遺言はほとんど利用されていません。

　そのため、遺言書を作成する場合には、自筆証書遺言か公正証書遺言によることになります。

　自筆証書遺言は、文字通り遺言者が自筆で書くものです。一方、公正証書遺言は、遺言者が自由意思で遺言したことを公的な立場で保証してもらう方式の遺言です。自筆証書遺言と比べると、作成の際の手間や時間がかかりますが、他人からの強迫などによって遺言書を書かされるのを防ぐことができます。

　公正証書遺言の方法で遺言書を作成する場合、証人が２名立ち会わなければなりませんので、どこの公証人に嘱託するのか、必要な書類に不備はないかといった点とあわせて用意をしておく必要があるでしょう。

第2章

離婚問題を解決するための
法律と書式

協議離婚・調停離婚・裁判離婚

● 離婚とは

　離婚とは、夫婦が生存中に婚姻関係を解消することです。配偶者の浮気や暴力、金銭トラブルの問題、あるいは舅姑との不仲などの問題を抱えた離婚の他にも、表立った問題はないものの、お互いがより自分らしく生きるためのステップとしての離婚など、さまざまな離婚の原因があります。しかし、誰にとっても、離婚は人生における大きな出来事のひとつであることは確かでしょう。

　そのような重大事項は、当事者の自由な意思に基づいて決定するのが基本ですから、離婚に際しては話し合いが欠かせません。離婚の約9割は協議離婚であるといわれています。

　しかし、離婚後、経済的に不安定な生活を余儀なくされたり、自分の子どもと一緒に暮らせなくなったりするなど、重大な結果が起こることがあり得ますから、夫婦間での話し合いだけではどうにもならない場合も少なくありません。

　このような離婚の性質を踏まえ、わが国の法律では、離婚を成立させるためのステップを次のように制度化しています。

① 協議離婚

　当事者同士での話し合いがまとまれば、離婚届の提出によって離婚ができるというものです。前述したように、多くの離婚が協議離婚であるといわれています。

② 調停離婚

　話し合いがまとまらない場合でも、いきなり離婚訴訟を提起することは、原則として認められていません。訴訟提起の前に家庭裁判所の離婚調停（家事調停）を経なければなりません（調停前置主義）。

家事調停とは、裁判官（家事調停官）１名と民間選出の２名以上の調停委員（家事調停委員）で構成される調停委員会が、当事者双方の言い分を聞いて、お互いが納得の上で解決できるように助言やあっせんをする制度です。低料金で申請できますし、手続きは非公開であるため、年々利用者が増えています。裁判官や有識者が調停委員として立会う中で、話し合いがまとまれば離婚することができます。この場合の調停のことを夫婦関係調整調停といい、離婚に向けた話し合い（離婚調停）だけでなく、夫婦関係を修復して円満に回復させる方向での話し合い（円満調停）にも利用できます。

　なお、相手方が行方不明やＤＶで離婚の必要がある場合などは、話し合いは不可能なので、例外として、家事調停の手続きを経ることなく直ちに離婚訴訟を提起することができます。

③　審判離婚

　たとえば、離婚すること自体は合意できたが、財産分与の割合につ

■ 協議離婚・調停離婚・裁判離婚 ………………………………

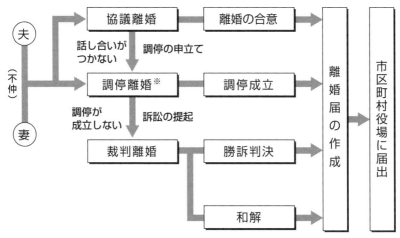

※調停が成立しない場合に審判離婚が行われることもあるが、実務上審判離婚はあまり
　利用されていない。そのため、調停が成立しなかった場合は裁判離婚となるのが通常。

いて合意できなかった場合、離婚調停は不成立で終了し、離婚訴訟を提起することになります。ただし、離婚調停を行った家庭裁判所は、調停不成立でも相当と認めるときは、当事者双方のために衡平を考慮し、一切の事情を考慮して、職権で（独自の判断で）離婚を認める審判（調停に代わる審判）ができます。これが審判離婚です。

審判離婚について異議申立てがなく２週間が経過すると、審判離婚が確定判決と同じ効果を持ちますが、異議申立てがあると審判離婚が失効します。この点から、審判離婚が利用されるケースは非常に少ないようです。

④　裁判離婚

調停不成立となった場合、離婚訴訟を提起して離婚を認める判決を得ることで、離婚を成立させるものです。離婚訴訟では、民法という法律が定める離婚の理由（法定離婚事由）があるかどうかについて、証拠を示しながらお互いの言い分を主張し合います。さらに、離婚を認める判決とともに、財産分与や親権者・養育費の内容などを一緒に決めてもらうこともできます。

以上が、離婚を成立させるための制度ですが、最終的に離婚訴訟で争うことになった場合に問題となる法定離婚事由について知っておくことは有益です。法定離婚事由が配偶者（相手方）にあるときは、離婚を成立させやすくなるだけでなく、離婚の条件を自分にとってより有利なものとすることにもつながるからです。

法定離婚事由には、ⓐ不貞行為（不倫）、ⓑ悪意の遺棄、ⓒ３年以上の生死不明、ⓓ回復見込みのない強度の精神病、ⓔ婚姻を継続し難い重大な事由があります。これらがあるかどうかは、当事者の主張や提出する証拠に基づいて認定されます。たとえば、配偶者の不倫の兆候を察知したら、継続的に配偶者の行動についてメモを取る、不貞行為につながる行動を撮影する、不倫相手との会話を録音するなどして、多くの証拠を集めるようにすると、離婚訴訟となった際に役立ちます。

② 家庭裁判所による離婚・関係改善へ向けた調停

● 離婚はしたくないがうまくいっていない場合

　夫婦のどちらかが離婚したくない、あるいは、財産分与、慰謝料、養育費などの金銭的な問題や子どもの親権といった、離婚する上での条件についてもめた場合は、協議離婚というわけにはいきません。

　離婚の条件などでもめて、夫婦間で話し合いがつかない場合は、離婚を前提とした夫婦関係等調整調停（離婚調停）の申立てを行い、家庭裁判所で離婚に向けた話し合いをしなければなりません。申立書（**書式2**）には、申立てに至った経緯、生活費の状況を記載します。

● 関係の改善を目的とした調停もある

　配偶者から離婚話をもち出されて困っている、あるいは子どもがまだ小さいので離婚をきり出しかねている、などの場合には、家庭裁判所に対して夫婦関係調整調停の申立てをしてみることも、かしこい方法のひとつです。夫婦関係円満調整調停とは、こわれかけた夫婦関係をたて直すために、生活環境やこじれた感情の対立を調整するという非法律的な事項を対象とする家事調停のことをいいます。

　申立書（**書式1**）には、現在の状況や、円満調整に向けた希望を記載します。法律婚ではなく内縁関係の場合は、内縁関係調整調停を利用します。申立書（**書式3**）の記載内容は基本的に同様です。

● 調停前の仮の処分による財産の確保

　調停手続き中に、相手方が財産を処分もしくは隠匿したり、財産の名義を変更したりするおそれがある場合、あるいは、調停手続き中も生活費や養育費を支払ってもらいたい場合には、「勝手に財産を処分

してはならない」「生活費や養育費として毎月○○円を支払いなさい」といった調停前の仮の処分をすることを、家庭裁判所に促すことができます。調停前の仮の処分の申立書（55ページの資料参照）には、申立ての趣旨と実情を記載します。

◉ 離婚の場合には調停成立後、役所へ離婚の届出をする

　離婚の場合は、調停手続きが終了したら、調停成立の日から10日以内に、調停調書の謄本を添付して、役所の戸籍係へ離婚届を提出します。10日を過ぎてしまうと、3万円以下の過料がかかる場合がありますから注意しましょう。

◉ 離婚届の用紙は協議離婚で使用するものと同じ

　協議離婚の場合は、2名の証人と夫婦双方の署名（自署）が必要でしたが、調停離婚の場合は、証人は不要で、原則として申立人が届出をすることになります。離婚届の用紙は共通であり、提出先は届出人（申立人）の本籍地あるいは所在地の役所になります。

■ 離婚に関する主な届出と手続き ……………………………………

┌─ **役所への届出（提出する届出書）** ─────────────────┐
　離婚届、離婚の際に称していた氏を称する届、子の入籍届
　離婚届の不受理申出書
└────────────────────────────────┘

┌─ **家庭裁判所への申立て** ───────────────────────┐
　離婚調停の申立て、財産分与請求調停の申立て、
　親権者変更調停の申立て、子の監護者の指定調停の申立て、
　養育費請求調停の申立て、子の氏の変更許可審判の申立て
└────────────────────────────────┘

書式1　夫婦関係円満調整調停申立書 ‥‥‥‥‥‥‥‥‥‥

受付印	夫婦関係等調整調停申立書　事件名（　円満調整　）

（この欄に申立て1件あたり収入印紙1,200円分を貼ってください。）

収入印紙　　　　　円		印 紙	
予納郵便切手　　　円			（貼った印紙に押印しないでください。）

○○　　家庭裁判所 　　　　　　　　　御中 令和○年○月○日	申　立　人 （又は法定代理人など） の記名押印	甲野　花子　㊞

添付書類	（審理のために必要な場合は，追加書類の提出をお願いすることがあります。） ☑ 戸籍謄本（全部事項証明書）（内縁関係に関する申立ての場合は不要） □ （年金分割の申立てが含まれている場合）年金分割のための情報通知書 □	準 ☐頭

申立人	本　籍 （国　籍）	（内縁関係に関する申立ての場合は，記入する必要はありません。） ○○ 都道府(県) ○○市○○町○番地	
	住　所	〒○○○－○○○○　○○県○○市○○町○丁目○番○号 （　　　　　方）	
	フリガナ 氏　名	コウノ　　ハナコ 甲野　花子	昭和 (平成) ○年○月○日生 （　　○○　歳）

相手方	本　籍	（内縁関係に関する申立ての場合は，記入する必要はありません。） ○○ 都道府(県) ○○市○○町○番地	
	住　所	〒○○○－○○○○　○○県○○市○○町○丁目○番○号 ○○アパート○号室　　　（　　　　方）	
	フリガナ 氏　名	コウノ　　タロウ 甲野　太郎	昭和 (平成) ○年○月○日生 （　　○○　歳）

対象となる子	住　所	□ 申立人と同居　／　□ 相手方と同居 □ その他（　　　　　　　　　　　）	平成 令和　　年　　月　　日生 （　　　　　歳）
	フリガナ 氏　名		
	住　所	□ 申立人と同居　／　□ 相手方と同居 □ その他（　　　　　　　　　　　）	平成 令和　　年　　月　　日生 （　　　　　歳）
	フリガナ 氏　名		
	住　所	□ 申立人と同居　／　□ 相手方と同居 □ その他（　　　　　　　　　　　）	平成 令和　　年　　月　　日生 （　　　　　歳）
	フリガナ 氏　名		

（注）太枠の中だけ記入してください。対象となる子は，付随申立ての(1)，(2)又は(3)を選択したときのみ記入してください。□の部分は，該当するものにチェックしてください。

夫婦(1/2)

※　申立ての趣旨は，当てはまる番号（1又は2，付随申立てについては(1)～(7)）を○で囲んでください。

□の部分は，該当するものにチェックしてください。
☆ 付随申立ての(6)を選択したときは，年金分割のための情報通知書の写しをとり，別紙として添付してください（その写しも相手方に送付されます。）。

申　　立　　て　　の　　趣　　旨	
円　満　調　整	関　係　解　消
①※ 申立人と相手方間の婚姻関係を円満に調整する。 2　申立人と相手方間の内縁関係を円満に調整する。	※ 1　申立人と相手方は離婚する。 2　申立人と相手方は内縁関係を解消する。 (付随申立て) (1)　未成年の子の親権者を次のように定める。 ………………………………………については父。 ………………………………………については母。 (2)　(□申立人／□相手方) と未成年の子……… 　　　が面会交流する時期，方法などにつき定める。 (3)　(□申立人／□相手方) は，子………の養育費 　　　として，1 人当たり毎月（□金………円 ／ 　　　□相当額）を支払う。 (4)　相手方は，申立人に財産分与として， 　　　（□金………円 ／ □相当額 ）を支払う。 (5)　相手方は，申立人に慰謝料として， 　　　（□金………円 ／ □相当額 ）を支払う。 (6)　申立人と相手方との間の別紙年金分割のための情報 　　　通知書 (☆) 記載の情報に係る年金分割についての請求 　　　すべき按分割合を， 　　　（□0．5 ／ □ (………)) と定める。 (7)

申　　立　　て　　の　　理　　由
同　居　・　別　居　の　時　期

昭和
同居を始めた日……平成 ○○年○○月○○日　　別居をした日…… 平成 ○○年○○月○○日
令和　　　　　　　　　　　　　　　　　　　　　　　　　　　　　　令和

申　　立　　て　　の　　動　　機

※ 当てはまる番号を○で囲み，そのうち最も重要と思うものに◎を付けてください。
　1　性格があわない　　②　異　性　関　係　　3　暴力をふるう　　　4　酒を飲みすぎる
　5　性的不調和　　　　6　浪　費　す　る　　7　病　　　気
　8　精神的に虐待する　⑨　家族をすててかえりみない　10　家族と折合いが悪い
　⑪　同居に応じない　　12　生活費を渡さない　　　13　そ　の　他

夫婦(2/2)

書式２　離婚調停の申立書 ·····················

受付印	夫婦関係等調整調停申立書　事名（　　離婚　　）
	（この欄に申立て１件あたり収入印紙１，２００円分を貼ってください。）
収入印紙　　　　　円	印 紙
予納郵便切手　　　円	（貼った印紙に押印しないでください。）

○○　家庭裁判所 　　　　　御中 令和　○年　○月　○日	申　立　人 （又は法定代理人など） の記名押印	甲野　花子　㊞

添付書類	（審理のために必要な場合は，追加書類の提出をお願いすることがあります。） ☑ 戸籍謄本（全部事項証明書）　（内縁関係に関する申立ての場合は不要） ☑ （年金分割の申立てが含まれている場合）年金分割のための情報通知書 ☐	準　口　頭

申立人	本　籍 (国　籍)	（内縁関係に関する申立ての場合は，記入する必要はありません。） ○○　都道 　　　府(県)　○○市○○町○番地	
	住　所	〒○○○－○○○○ ○○県○○市○○町○丁目○番○号（　　　　　方）	
	フリガナ 氏　名	コウノ　　　ハナコ 甲野　花子	昭和 (平成)○年○月○日生 （　　　　○○　歳）

相手方	本　籍 (国　籍)	（内縁関係に関する申立ての場合は，記入する必要はありません。） ○○　都道 　　　府(県)　○○市○○町○番地	
	住　所	〒○○○－○○○○ ○○県○○市○○町○丁目○番○号　○○アパート○号室（　　方）	
	フリガナ 氏　名	コウノ　　　タロウ 甲野　太郎	昭和 (平成)○年○月○日生 （　　　　○○　歳）

対象となる子	住　所	☑ 申立人と同居　　／　☐ 相手方と同居 ☐ その他（　　　　　　　　　　　　）	平成 (令和)○年○月○日生
	フリガナ 氏　名	コウノ 甲野　さくら	（　　　　○○　歳）
	住　所	☑ 申立人と同居　　／　☐ 相手方と同居 ☐ その他（　　　　　　　　　　　　）	平成 (令和)○年○月○日生
	フリガナ 氏　名	コウノ　ジュン 甲野　隼	（　　　　○○　歳）
	住　所	☐ 申立人と同居　　／　☐ 相手方と同居 ☐ その他（　　　　　　　　　　　　）	平成 令和　年　月　日生
	フリガナ 氏　名		（　　　　　　歳）

（注）太枠の中だけ記入してください。対象となる子は，付随申立ての(1)，(2)又は(3)を選択したときのみ記入してください。☐の部分は，該当するものにチェックしてください。
夫婦(1/2)
※ 申立ての趣旨は，当てはまる番号（１又は２，付随申立てについては(1)～(7)）を○で囲んでください。

□の部分は，該当するものにチェックしてください。
☆　付随申立ての(6)を選択したときは，年金分割のための情報通知書の写しをとり，別紙として添付してください（その写しも相手方に送付されます。）。

申　　立　　て　　の　　趣　　旨	
円　満　調　整	関　係　解　消
※ 1　申立人と相手方間の婚姻関係を円満に調整する。 2　申立人と相手方間の内縁関係を円満に調整する。	※ ①　申立人と相手方は離婚する。 2　申立人と相手方は内縁関係を解消する。 （付随申立て） ①　未成年の子の親権者を次のように定める。 ....については父。 　　　　　さくら、隼..................については母。 ②　（□申立人／□相手方）と未成年の子 さくら、隼 　　が面会交流する時期，方法などにつき定める。 ③　（□申立人／☑相手方）は，子 さくら、隼 の養育費 　　として，1人当たり毎月（☑金 ○○ 円 ／ 　　□相当額）を支払う。 ④　相手方は，申立人に財産分与として， 　　（□金............円 ／ ☑相当額 ）を支払う。 ⑤　相手方は，申立人に慰謝料として， 　　（☑金 ○○ 円 ／ □相当額 ）を支払う。 ⑥　申立人と相手方との間の別紙年金分割のための情報 　　通知書（☆）記載の情報に係る年金分割についての請求 　　すべき按分割合を， 　　（☑0．5 ／ □（............）） と定める。 (7)

申　　立　　て　　の　　理　　由	
同居・別居の時期	

同居を始めた日……昭和・(平成)・令和 ○○年 ○○月 ○○日　　　別居をした日……平成・(令和) ○○年 ○○月 ○○日

申　立　て　の　動　機
※　当てはまる番号を○で囲み，そのうち最も重要と思うものに◎を付けてください。 　1　性格があわない　　　②　異性関係　　　　3　暴力をふるう　　　4　酒を飲みすぎる 　5　性的不調和　　　　　6　浪費する　　　　7　病　気 　8　精神的に虐待する　　◎家族をすててかえりみない　10　家族と折合いが悪い 　11　同居に応じない　　　⑫生活費を渡さない　　　13　その他

夫婦(2/2)

書式3　内縁関係調整調停の申立書 ·····················

<table>
<tr><td rowspan="2">受付印</td><td colspan="2">夫婦関係等調整調停申立書　事　名（内縁関係調整）</td></tr>
<tr><td colspan="2">（この欄に申立て1件あたり収入印紙1,200円分を貼ってください。）

　印
　紙

（貼った印紙に押印しないでください。）</td></tr>
</table>

| 収入印紙 | 円 |
| 予納郵便切手 | 円 |

| ○○　　家庭裁判所
　　　　　　　御中
令和　○年 ○月 ○日 | 申　立　人
（又は法定代理人など）
の記名押印 | 甲野　花子　㊞ |

| 添付書類 | （審理のために必要な場合は，追加書類の提出をお願いすることがあります。）
□ 戸籍謄本（全部事項証明書）（内縁関係に関する申立ての場合は不要）
□ （年金分割の申立てが含まれている場合）年金分割のための情報通知書
□ | 準 口 頭 |

申 立 人	本　籍 （国　籍）	（内縁関係に関する申立ての場合は，記入する必要はありません。） 　　　　　　　都 道 　　　　　　　府 県
	住　所	〒 ○○○-○○○○　○○県○○市○○町○丁目○番○号 （　　　　　方）
	フリガナ 氏　名	コウノ　　ハナコ 甲野　花子	昭和 平成　○ 年 ○ 月 ○ 日生 （　　○○　　歳）

相 手 方	本　籍 （国　籍）	（内縁関係に関する申立ての場合は，記入する必要はありません。） 　　　　　　　都 道 　　　　　　　府 県
	住　所	〒　　-　　申立人の住所と同じ （　　　　　方）
	フリガナ 氏　名	オツヤマ　　タロウ 乙山　太郎	昭和 平成　○ 年 ○ 月 ○ 日生 （　　○○　　歳）

対 象 と な る 子	住　所	□ 申立人と同居　　／　□ 相手方と同居 □ その他（　　　　　　　　　　　）	平成 令和　　　年　　月　　日生 （　　　　　歳）
	フリガナ 氏　名		
	住　所	□ 申立人と同居　　／　□ 相手方と同居 □ その他（　　　　　　　　　　　）	平成 令和　　　年　　月　　日生 （　　　　　歳）
	フリガナ 氏　名		
	住　所	□ 申立人と同居　　／　□ 相手方と同居 □ その他（　　　　　　　　　　　）	平成 令和　　　年　　月　　日生 （　　　　　歳）
	フリガナ 氏　名		

（注）太枠の中だけ記入してください。対象となる子は，付随申立ての(1)，(2)又は(3)を選択したときのみ記入して
　　ください。□の部分は，該当するものにチェックしてください。

夫婦(1/2)

※　申立ての趣旨は，当てはまる番号（1又は2，付随申立てについては(1)〜(7)）を○で囲んでください。

□の部分は，該当するものにチェックしてください。
☆　付随申立ての(6)を選択したときは，年金分割のための情報通知書の写しをとり，別紙として添付してください（その写しも相手方に送付されます。）。

申　　立　　て　　の　　趣　　旨	
円　満　調　整	関　係　解　消
※ 1　申立人と相手方間の婚姻関係を円満に調整する。 ②　申立人と相手方間の内縁関係を円満に調整する。	※ 1　申立人と相手方は離婚する。 2　申立人と相手方は内縁関係を解消する。 (付随申立て) (1)　未成年の子の親権者を次のように定める。 　　　..については父。 　　　..については母。 (2)　(□申立人／□相手方)と未成年の子................ 　　　が面会交流する時期，方法などにつき定める。 (3)　(□申立人／□相手方)は，子................の養育費 　　　として，1人当たり毎月(□金...........円　／ 　　　□相当額)を支払う。 (4)　相手方は，申立人に財産分与として， 　　　(□金...........円　／　□相当額　)　を支払う。 (5)　相手方は，申立人に慰謝料として， 　　　(□金...........円　／　□相当額　)　を支払う。 (6)　申立人と相手方との間の別紙年金分割のための情報 　　　通知書(☆)記載の情報に係る年金分割についての請求 　　　すべき按分割合を， 　　　(□0．5　／　□(................))　と定める。 (7)

申　　立　　て　　の　　理　　由
同　居・別　居　の　時　期
同居を始めた日……(平成)　昭和／令和　○○年○○月○○日　　別居をした日……平成／令和　　年　　月　　日
申　　立　　て　　の　　動　　機
※　当てはまる番号を○で囲み，そのうち最も重要と思うものに◎を付けてください。 　1　性格があわない　　　　　2　異性関係　　　　　③暴力をふるう　　　　④酒を飲みすぎる 　5　性的不調和　　　　　　　6　浪費する　　　　　7　病気 　8　精神的に虐待する　　　　9　家族をすててかえりみない　10　家族と折合いが悪い 　11　同居に応じない　　　　　12　生活費を渡さない　　　13　その他

夫婦(2/2)

資料　調停前の仮の処分の申請書

受付印	**調停前の仮の処分の申請**	
	令和　○ 年　○ 月　○ 日 **東 京** 家庭裁判所　御中	
予納郵便切手　　　円	申立人　　○　○　○　○	
審判又は調停 事件の表示	令和　　年（家イ）第　　　号　　**離　　婚** 事件	
申　立　人 相　手　方 事 件 本 人 利害関係人 な　ど	**申立人**　　○　○　○　○ **相手方**　　○　○　○　○	

申　　立　　て　　の　　趣　　旨

　上記事件の調停手続が終了するまでの間、相手方に対し、同人所有名義の下記不動産に対し譲渡及び質権・抵当権・賃借権の設定その他一切の処分をしてはならない旨の調停前の仮の処分を求めます。

記

（土地・建物の表示　省略）

申　　立　　て　　の　　実　　情

1．申立人と相手方は現在離婚調停中で双方の間には○○歳になる1人の子どもがおります。
2．申立人は現在相手方名義の家に住み、子ども1人をかかえて精神的にも経済的にも苦しい生活をしておりますが、相手方は申立人らと別居し、愛人と共に裕福な同棲生活をしています。
3．ところが、最近相手方は愛人のために私と子どもの住んでいる土地家屋を売却しようとしています。もしそのようなことになれば私達は住む所を失い、生活基盤を根本的に破壊されてしまいます。
4．そこで、現状では調停の成立を待っていられませんので緊急に土地家屋の処分禁止の調停前の仮の処分をしていただくため、この申立てを致します。

③ 別居と生活費の支給

● 離婚前に別居を有効に使う

　実際に離婚へとふみきる前に、しばらく別居して様子をみるという方法をとる夫婦は数多くいます。別居によってバランスがとれ、そのまま夫婦関係を継続できたというケースもあれば、冷静に離婚するための冷却期間になったというケースもあります。別居が数年間の長期にわたる場合は別ですが、基本的には別居そのものが法的に不利になるということはありません。

　相手方と話し合いができる関係性があれば協議し、別居に踏み切るべきですが、話し合いできる関係性がないような場合は、無断で別居しても問題にはなりません。また、専業主婦で夫に経済的に依存していた妻の場合、「夫婦間の協力扶助義務あるいは婚姻費用分担義務（夫婦生活を送る上で必要な費用の分担）」に基づいて、妻は夫に対して別居中の生活費を請求することができます。申立書（**書式4**）には生活費の支給がなされていないこと、求める生活費の金額などを記載します。

　分担義務者である夫がどの程度の費用を妻に対して支払うかは、互いの収入状況に応じて相応額が算出されるのが原則です。しかし、妻みずからが不貞によって別居生活をしているような場合や、何らかの理由で妻が夫に対して離婚届をつきつけて一方的に別居をはじめた場合などで、妻が夫に対して生活費を請求できないとされたケースもあります。

　このように、請求する側に夫婦生活を破たんさせた責任がある場合は、権利の濫用として生活費の請求は認められません。

書式４　婚姻費用の分担調停申立書 ··························

受付印	

家事　申立書　事件名
- ☑ 調停
- □ 審判

- ☑ 婚姻費用分担請求
- □ 婚姻費用増額請求
- □ 婚姻費用減額請求

（この欄に申立て１件あたり収入印紙１，２００円分を貼ってください。）

印
紙

（貼った印紙に押印しないでください。）

収入印紙	円
予納郵便切手	円

○○ 家庭裁判所 御中　令和 ○ 年 ○ 月 ○ 日	申　立　人（又は法定代理人など）の 記 名 押 印	甲 野 花 子　㊞

添付書類	（審理のために必要な場合は，追加書類の提出をお願いすることがあります。） ☑ 戸籍謄本（全部事項証明書）（内縁関係に関する申立ての場合は不要） ☑ 申立人の収入に関する資料（源泉徴収票，給与明細，確定申告書，非課税証明書等の写し） □	準 口 頭

申立人	住　所	〒○○○－○○○○　○○県○○市○○町○丁目○番○号　　　　　　　　　（　　　　　　方）	昭和 ㊤平成 ○ 年 ○ 月 ○ 日生
	フリガナ 氏　名	コウノ　ハナコ　甲 野 花 子	（　　○○　　歳）
相手方	住　所	〒○○○－○○○○　○○県○○市○○町○丁目○番○号　　　　　　　　　（　　　　　　方）	昭和 ㊤平成 ○ 年 ○ 月 ○ 日生
	フリガナ 氏　名	コウノ　タロウ　甲 野 太 郎	（　　○○　　歳）
対象となる子	住　所	☑ 申立人と同居　／　□ 相手方と同居 □ その他（　　　　　　　　　　　）	平成 ㊤令和 ○ 年 ○ 月 ○ 日生
	フリガナ 氏　名	コウノ　甲 野 さくら	（　　○○　　歳）
	住　所	☑ 申立人と同居　／　□ 相手方と同居 □ その他（　　　　　　　　　　　）	平成 ㊤令和 ○ 年 ○ 月 ○ 日生
	フリガナ 氏　名	コウノ　シュン　甲 野 隼	（　　○○　　歳）
	住　所	□ 申立人と同居　／　□ 相手方と同居 □ その他（　　　　　　　　　　　）	平成 令和　　年　　月　　日生
	フリガナ 氏　名		（　　　　　　歳）

（注）太枠の中だけ記入してください。対象となる子は，申立人又は相手方が監護養育している子を記入してください。□の部分は，該当するものにチェックしてください。

婚姻費用(1/2)

※　申立ての趣旨は，当てはまる番号を○で囲んでください。
　　□の部分は，該当するものにチェックしてください。

申　立　て　の　趣　旨

（ ☑ 相手方／□ 申立人 ）は，（ ☑ 申立人／□ 相手方 ）に対し，婚姻期間中の生活費として，次のとおり支払うとの（ ☑ 調停／□ 審判 ）を求めます。

※ ① 毎月 （ ☑ 金 ○○ 円 ／ □ 相当額 ）を支払う。

2　毎月金 ＿＿＿＿＿ 円に増額して支払う。

3　毎月金 ＿＿＿＿＿ 円に減額して支払う。

申　立　て　の　理　由
同　居　・　別　居　の　時　期

同居を始めた日…昭和・平成・令和 ○年 ○月 ○日　　別居をした日…平成・令和 ○年 ○月 ○日

婚　姻　費　用　の　取　決　め　に　つ　い　て

1　当事者間の婚姻期間中の生活費に関する取り決めの有無
　　□あり（取り決めた年月日：平成・令和 ＿＿年 ＿＿月 ＿＿日）　☑なし

2　1で「あり」の場合
　□　取決めの種類
　　　□口頭　□念書　□公正証書 ┌ ＿＿＿＿＿家庭裁判所＿＿＿＿ （□支部 ／ □出張所）
　　　□調停　□審判　□和解 → │ 平成・令和＿＿＿年（家）第＿＿＿＿＿号
　　　　　　　　　　　　　　　 └
　□　取決めの内容
　　　（□相手方 ／ □申立人 ）は，（ □申立人 ／ □相手方 ）に対し，平成・令和＿＿年＿＿月
　　　から＿＿＿＿＿まで，毎月＿＿＿＿＿円を支払う。

婚　姻　費　用　の　支　払　状　況

□　現在，毎月 ＿＿＿＿＿ 円が支払われている（支払っている）。

□　平成・令和 ＿＿年 ＿＿月ころまで，毎月＿＿＿＿＿円が支払われていた（支払っていた）
　　が，その後，（ □減額された（減額した）。 ／ □支払がない（支払っていない）。）

□　支払はあるが，一定しない。

☑　これまで支払はない。

婚姻費用の分担の増額または減額を必要とする事情（増額・減額の場合のみ記載してください。）

□　申立人の収入が減少した。　　　　　　　　□　相手方の収入が増加した。
□　申立人が仕事を失った。
□　申立人自身・子にかかる費用（□学費　□医療費　□その他）が増加した。
□　その他（ ＿＿＿＿＿＿＿＿＿＿＿＿＿＿＿＿＿＿＿＿＿＿＿ ）

4 財産分与

● 財産分与は夫婦が築いた財産の清算である

　財産分与に関しては、夫婦の共有名義の財産に限らず、夫婦の一方の名義の財産であっても、夫婦の婚姻中に協力して築いた財産であれば、原則として財産分与の対象に含まれます。

　たとえば、夫が会社員で収入を得ているのに対し、妻は専業主婦で収入を得ていないとしても、夫が得た収入で取得した財産は、たとえ夫婦の一方の名義になっていても、原則として財産分与の対象に含まれます。この場合、婚姻中に夫が収入を得ることができたのは、妻の協力があってのことだと考えるのです。

　具体的には、夫婦が共同して使用する財産として、住宅、マンション、乗用車などを購入するときに、収入を得ている夫名義で購入することが多いと思われますが、これらも財産分与の対象に含まれるのが原則です。

● 「扶養的財産分与」について

　財産分与に関しては、婚姻中に協力して築いた財産を離婚に際して清算するという意味合いがあります。これを清算的財産分与といいます。その他に、離婚によって生活が不安定になる側を扶養するという意味合いもあります。これを扶養的財産分与といいます。

　たとえば、専業主婦の妻が夫と離婚するケースでは、離婚後における妻の生活が不安定になることは否めません。しかし、妻が家庭内のことに専念していたからこそ、夫は収入を得ることができたわけですから、離婚後に妻が自分の力で生活できるようになるまで、夫が妻の生活を保証するのが公平だと考えられています。

扶養的財産分与をする際、収入を得ていた側は、その固有財産など
を割いてでも、専業主婦・専業主夫の側に対して財産を与えるべきと
されています。だからといって、専業主婦・専業主夫の側は、生涯に
わたり全面的に扶養されて生活できるわけではありません。金額も支
給期間も制約があります。

● 財産分与額は婚姻期間が長いほど高額になる傾向

当然のことながら、それぞれの夫婦が協力して築いた財産によって財
産分与額は違ってきます。通常は、婚姻期間が長いほど協力して築いた
財産が多くなり、財産分与の額も多くなる傾向が見られます。たとえば、
専業主婦の妻が夫と熟年離婚をする場合、婚姻中に築いた夫名義の財
産の中からも、高額の財産分与を請求できることになってくるわけです。

ただし、夫婦の一方が共同生活のために負担した債務（住宅ローン
や教育ローンなど）を引き継ぐ場合には、それが財産分与においても
考慮されます。そして、財産分与の額が高額に過ぎず、かつ、租税回
避を目的としていないと認められれば、財産分与について贈与税が課
せられることはありません。

● 財産分与の請求は必ず2年以内に行うこと

離婚に伴う財産分与を請求できるのは、離婚時から2年以内に制限さ
れています（民法768条2項）。相手方が財産分与に応じる様子がなけ
れば、この期間内に調停の申立てや訴訟の提起などの裁判上の手続き
をしておかないと、財産分与の請求ができなくなる点に注意が必要です。

さらに、財産分与の請求ができる期間内であっても、それが事実上
不可能な状態になる可能性もあります。たとえば、婚姻中は夫婦で居
住していた夫名義のマンションについて、夫が離婚後に第三者に転売
すると、その第三者に対して、妻がマンションの返還を請求すること
は非常に困難になります。夫名義の財産は、第三者から見れば夫個人

の財産だからです。このように、離婚時から時間が経過すればするほど、財産分与が実現できなくなるおそれが高まります。相手方が財産分与を拒否する姿勢をとっている場合には、離婚後すぐに請求できるように、離婚前から手を打っておくべきでしょう。

　なお、離婚後に相手方が得た財産や、離婚前後を問わず相手方が相続で得た財産は、財産分与の対象外です。あくまで「離婚時までに協力して築いた財産」が財産分与の対象です。

● 財産がどの程度なのかをきちんと調べておこう

　離婚に伴って財産分与を請求する側は、相手方の名義になっている財産の状況を可能な限り調べておきます。相手方名義の預貯金であれば銀行名・支店・口座番号・金額など、不動産であれば地番（所在地）・抵当権設定など、株式であれば銘柄・数・証券会社などをチェックしておくことをお勧めします。

■ 財産分与と慰謝料のまとめ ……………………………………………

	性　質	算定の考慮要因	請求可能期間
財産分与	・清算的財産分与（婚姻中に夫婦が協力して得た財産を寄与の程度で清算） ・扶養的財産分与（離婚により生活困難になる側の扶養を図るもの） ・慰謝料的財産分与	・寄与度（財産形成に対する貢献度） ・有責性の有無 ・離婚後の扶養の必要性 ・離婚の経緯	離婚時から2年（民法768条2項）
慰謝料	・婚姻関係の破たん原因（不貞行為やDVなど）によって受けた精神的損害の賠償	・財産分与の額 ・精神的苦痛の大小 ・有責性の程度 ・当事者の経済状態 ・離婚の経緯、婚姻期間、当事者の年齢	離婚時から3年が原則（民法724条）

⑤ 慰謝料

● 単に「性格の不一致」というだけでは慰謝料が発生しない

　離婚で手にする財産としては、財産分与の他に慰謝料があります。財産分与は、夫婦で築いた財産に対する貢献度に応じて分配されるので、離婚の原因を作った方が責任を問われて取り分を減額されることはありません。これに対し、慰謝料は、相手から受けた精神的苦痛に対して支払われるお金です。一般的には、不倫などの不貞行為や暴行などが、慰謝料請求の対象となることが多いといえます。離婚原因としてよく聞かれる「性格の不一致」のようなあいまいな理由では、慰謝料が発生することはまずないといえます。

　慰謝料と財産分与は別の請求ですので、両者を明確に区別してしっかり確認するように注意しましょう。離婚の調停調書などに「今後名目の如何を問わず、財産上の請求を一切しない」という一筆を書き入れる際はとくに要注意です。よく確認をせずにサインをしたために、離婚した相手から受けとれるべきお金も受けとれなくなるおそれがあります。なお、離婚を理由とした慰謝料は民法上の不法行為責任として生じるため、離婚後3年以内に請求しなければなりません。

● 慰謝料の相場は以外に低い

　慰謝料の金額は、100万円から300万円程度のケースが多いといえます。財産分与と同様、慰謝料の額も結婚期間の長短とは関係がありません。しかし、何十年もの長い結婚生活の末に離婚したとなれば、精神的にも経済的にもダメージが大きいと考えられるため、慰謝料の額も高くなる可能性はあります。しかし、慰謝料は精神的な苦痛に対して支払われるものですから、明確な基準や相場があるわけではなく、

ケース・バイ・ケースで決まりますが、300万円を超えることはめったにありません。

◉ 夫婦の両方が慰謝料を請求し合った場合

妻が「こんな結婚生活もう耐えられない。慰謝料をもらって別れてやる！」と言えば、夫は「我ばかり張って別れたいとは勝手だ。もし離婚したら社会的信用を傷つけられた慰謝料を要求するぞ！」といった言い争いをするケースがあります。このようにお互いが慰謝料を請求し合った場合は、どのようになるのでしょうか。

離婚を理由とする慰謝料は、夫婦のうち離婚の直接的な原因を作った側が、それにより精神的損害を受けた相手に対して支払う損害賠償ですが、損害を受けた相手にも責めを負うべき点があるならば過失相殺されるのが一般的です。この場合は、まず、どちらが離婚原因の根本を作ったのかを探り、相手が金額にしてどの程度の損害を受けたかを調べます。こうして両者の過失を比較し、損害と相殺した上で、慰謝料の額が決定されます。現在でも「離婚する場合は、夫が妻に慰謝料を支払うもの」と思っている人もいますが、慰謝料は精神的な損害と過失を夫婦それぞれについて認定して決めるものなのです。

■ 離婚を理由とする慰謝料はどうやって決定するか ……………

明確な基準や相場があるわけではない

⬇

・離婚の直接的な原因を作出したのはどちらか
・有責性の程度（過失相殺を行うかどうかなど）
・加害者側の資力や婚姻期間など

⬇ 総合考慮して判断

慰謝料額の決定

6 財産分与・慰謝料の具体的な支払方法

● 可能な限り分割払いはさける

　財産分与や慰謝料などの支払いは、分割払いにせず一括払いですませるのが無難です。夫婦の別れ方、あるいは支払う側の経済力や性格によって事情は違いますが、離婚して別々に生活しはじめれば、たとえ法律的に義務付けられたことでもおざなりになりがちです。遠方に引っ越してお互いの距離が物理的に離れたり、再婚したりすれば、なおさら支払いが滞ることにもなりかねません。

　やむなく分割払いにする場合でも、初回に支払う頭金を多くするなどの工夫を心がけるようにしましょう。

● 内縁の場合も財産分与や慰謝料の請求が可能

　生活をともにして外見的には夫婦のように暮らしていても、結婚の意思がない場合は「同棲」です。また、夫婦同然に生活して結婚の意思もあるが、婚姻届は出していない場合は「内縁」となります。また、誰かと婚姻届を出している状態であるが、別の誰かと結婚するつもりで同棲しているケースも「内縁」にあたります。これは重婚的内縁関係と呼ばれています。内縁の場合は、相続権がないなど、結婚関係としての法律の保護を受けられないことも多いのですが、内縁関係を解消するときに財産分与や慰謝料を請求することは可能です。

● 不貞などについては内縁でも慰謝料を請求される

　婚姻関係の場合とまったく同じというわけではありませんが、内縁関係であっても、結婚関係に準じた扱いがなされ、婚姻（法律では結婚のことを「婚姻」といいます）に関する民法の規定が類推適用され

ることがあります。たとえば、働いたお金を家に一切入れないときは相互扶助義務違反となり、同居を拒んでいるときは同居義務違反となります。また、不貞行為をしたときは貞操義務となりますので、内縁の相手から慰謝料を請求されます。

　もっとも、「結婚する意思」「夫婦同然の生活」は、はっきりした線引きがむずかしいところで、場合によっては、内縁関係は同棲や単なる共同生活とも解釈されます。内縁の場合は、通常の夫婦の離婚のようにはいかないのが現実です。

● 調停では財産分与や慰謝料の額を決めてもらえる

　離婚が成立した後になって財産分与や慰謝料をめぐって元夫・元妻間でトラブルになった場合、財産分与と慰謝料それぞれについて調停の申立てができます。申立手数料（収入印紙代）は1200円です。申立書（**書式５、６**）には請求する金額と、申立てを行うに至った離婚後の事情を記載します。基本的には、裁判所（調停委員）側が財産分与や慰謝料について一方的に決めてしまうことはありません。

　なお、調停が不調になった場合、財産分与は、そのまま家庭裁判所の審判に移行し、調停委員会を構成した裁判官が、今度は審判官となって審理を行います。一方、慰謝料はそのまま終了し、審判に移行することはありません。慰謝料のみを請求する場合は、あらためて地方裁判所に訴訟を提起する必要があります。

● 夫婦間の協議で決定した事項は必ず書面で残すこと

　調停や訴訟によらず、夫婦間の協議によって、財産分与や慰謝料を分割払いにすることが決まった場合は、支払回数とともに、各回の支払時期、支払金額、支払方法などについて取り決めた上で、その内容を必ず強制執行受諾（認諾）文言が入った公正証書（39ページ）という書面に残すようにしましょう。強制執行受諾文言とは、「Aは、本

証書記載の金銭債務を履行しないときは、直ちに強制執行に服する旨認諾した」といった内容の文言のことです。

　強制執行受諾文言が入った公正証書を作成しておけば、相手が取り決めを守らずに支払わないというトラブルが生じても、公正証書に記載された強制執行受諾文言に基づいて、相手の財産を差し押さえるなどの強制執行が可能です。公正証書に「分割金を期限内に1回でも支払わなかった場合は、残金を一括して支払う」といった期限の利益喪失条項を設けておくと、未払いが発生したときに残金の強制執行が可能となるため、あわせて公正証書に盛り込んでおきましょう。

　このように、金銭の支払いに関する重要な事項については、公正証書を作成するのが鉄則です。口約束だけで公正証書を作成しなかったことが原因で、泣き寝入りする事態にならないように注意してください。もし公正証書にしなかった場合で、後から財産分与や慰謝料をめぐるトラブルが発生した場合は、相手方に内容証明郵便を送付する方法もあります。

　その他、財産分与により不動産を譲り受ける場合は、自らへの所有権移転登記を確実に済ませなければなりません。

● 後で財産分与・慰謝料の額を変更することはできるのか

　離婚後に、離婚時と状況が変わったからといって、いったん取り決めた財産分与や慰謝料の額については、その変更を認めてもらうのは難しいでしょう。ただし、相手が不倫をしていた事実を隠していた場合や、無理やり念書を書かされた場合には、一定期間内であれば、慰謝料の増額や財産分与のやり直しが認められる可能性があります。

書式5　財産分与の調停申立書 ･･････････････････････････

受付印		☑ 調停	
	財産分		申立書
		☐ 審判	

（この欄に申立て1件あたり収入印紙1,200円分を貼ってください。）

```
┌─────┐
│ 印  │
│ 紙  │
└─────┘
```

（貼った印紙に押印しないでください。）

収 入 印 紙	円
予納郵便切手	円

○○　家庭裁判所	申　立　人	
御中	（又は法定代理人など）	乙 川 春 子 ㊞
令和 ○ 年 ○ 月 ○ 日	の 記 名 押 印	

添付書類	（審理のために必要な場合は，追加書類の提出をお願いすることがあります。） ☐ 離婚時の夫婦の戸籍謄本（全部事項証明書）　 1 通 ☐ 不動産登記事項証明書　　　　　　　　　　　　　通	準 口 頭

申	住　　所	〒 ○○○ － ○○○○ ○○県○○市○○町○番○号○○マンション○○○号 （　　　　　　　　方）	
立 人	フリガナ 氏　　名	オツカワ　　ハルコ 乙 川 春 子	昭和 ㊤平成　○ 年○月○日 生 （　　　○○　歳）
相	住　　所	〒 ○○○ － ○○○○ ○○県○○市○○町○番○号 （　　　　　　　　方）	
手 方	フリガナ 氏　　名	コウノ　　イチロウ 甲野 一郎	昭和 ㊤平成　○ 年○月○日 生 （　　　○○　歳）

（注）太枠の中だけ記入してください。

財産分与(1/

申　　立　　て　　の　　趣　　旨
相手方は，申立人に対し，財産分与として金〇〇〇万円を支払うとの調停を求めます。

申　　立　　て　　の　　理　　由
1 申立人と相手方は，平成〇年〇月〇日婚姻し，一男一女をもうけましたが，相手方の異性関係が原因で，夫婦関係が破綻し，令和〇年〇月〇日，未成年者らの親権者を申立人と定めて協議離婚しました。
2 相手方は，〇〇会社に勤務し，約〇〇〇万円の年収を得ており，また，別紙財産目録記載の不動産を所有しています。
3 申立人は，婚姻当時勤務していた会社に平成〇年〇月〇日まで勤務し，その後，平成〇年〇月から現在に至るまで，パートタイマーや正社員として勤務しました。
4 申立人と相手方が婚姻をした当初は資産というべきものはありませんでしたが，申立人と相手方が協力して蓄えた資産によって前記不動産を購入し，別紙財産目録記載の預金をしました。
5 このように，申立人の稼働及び家事労働による寄与によって，相手方は前記不動産を取得し，預金をしたのですから，財産分与として不動産の時価の2分の1に該当する金員と預金の2分の1の金員の支払を相手方に求めましたが，相手方は話し合いに応じようとしませんので，申立ての趣旨のとおりの調停を求めます。

別表第二，調停(　/　)

68

財 産 目 録 （土 地）

番号	所　　在	地　番	地　目	面　積	備　考
1	○○県○○市○○町	○番○	宅　地	平方メートル 150｜00	建物1の敷地 評価額 ○○○万円

財 産 目 録 （建 物）

番号	所　　在	家屋番号	種　類	構　造	床　面　積	備　考
1	○○県○○市○○町○番○地	○番○	居宅	木造瓦葺平家建	平方メートル 90｜00	土地1上の建物 評価額 ○○○万円

財 産 目 録 （現金，預・貯金，株式等）

番号	品　　目	単　位	数　量　（金　額）	備　考
1	○○銀行定期預金 （番号○○-○○○）		3,104,000 円	
2	○○銀行普通預金 （番号○○-○○○）		800,123 円	

書式6　慰謝料についての調停申立書 ·······················

受付印	☑ 調停
	家事　　　　　申立書　事件名 (慰謝料)
	☐ 審判

	(この欄に申立て1件あたり収入印紙1,200円分を貼ってください。)
	印紙
	(貼った印紙に押印しないでください。)

収入印紙	円
予納郵便切手	円

○○　家庭裁判所	申　立　人	乙川　春子 ㊞
御中	(又は法定代理人など) の 記 名 押 印	
令和 ○ 年 ○ 月 ○ 日		

添付書類	(審理のために必要な場合は，追加書類の提出をお願いすることがあります。)	準 口 頭

申	本　籍 (国　籍)	(戸籍の添付が必要とされていない申立ての場合は，記入する必要はありません。) 都　道 府　県	
立	住　所	〒 ○○○ － ○○○○ ○○県○○市○○町○番○号○○アパート ○号室 （　　　　　方）	
人	フリガナ 氏　名	オツカワ　　ハルコ 乙川　春子	昭和 (平成) ○ 年 ○ 月 ○ 日生 （　○○　歳）
相	本　籍 (国　籍)	(戸籍の添付が必要とされていない申立ての場合は，記入する必要はありません。) 都　道 府　県	
手	住　所	〒 ○○○ － ○○○○ ○○県○○市○○町○番○号○○マンション ○○○号 （　　　　　方）	
方	フリガナ 氏　名	コウノ　　イチロウ 甲野　一郎	昭和 (平成) ○ 年 ○ 月 ○ 日生 （　○○　歳）

(注) 太枠の中だけ記入してください。

別表第二，調停(／)

申　　立　　て　　の　　趣　　旨
相手方は，申立人に対し，慰謝料として相当額を支払うとの調停を求めます。

申　　立　　て　　の　　理　　由
1 申立人と相手方は，平成○年○月○日婚姻しました。
2 相手方は，令和○年○月ころから，人員削減で仕事がきつくなり，残業せざるを得ないようになったと言っては，帰宅が毎日のように深夜に及ぶようになりました。しかし，毎月の給料で残業代が増えていないことを不審に思い問いただしたところ，実は，相手方は退社後に毎日のようにパチンコや飲み屋に通っていることが分かりました。
3 そこで，申立人は相手方に対し，円満な家庭生活を営めるように反省を求めようと何度か話し合いを試みたのですが，相手方は依然として態度を改めず，さらには，申立人を怒鳴りつけたり殴るなどの暴力を振るい，生活費も満足に入れなくなりましたので，申立人は，相手方への愛情を失い，令和○年○月○日，慰謝料を定めず協議離婚しました。
4 しかし，これは相手方の一方的な理由により離婚せざるを得なくなったものですので，慰謝料を請求するためにこの申立てをします。

別表第二，調停（　／　）

年金分割と手続き

● 年金分割とは

　離婚時の年金分割とは、離婚すると妻の年金が少額になるケースが多いため、離婚後に結婚（婚姻）期間中の夫の分の年金を妻に分割できるようにするものです。年金分割の方法には、合意分割制度と３号分割制度があります。年金分割の対象となるのは、厚生年金部分（厚生年金保険に該当する部分）に限られ、国民年金に該当する部分（国民年金部分）は年金分割ができません。なお、年金分割は年収の高い人から年収の低い人に（厚生年金の受給が高い人から低い人に）分割される制度であり、必ずしも夫から妻に分割されるとは限りません。以下ではケースとして多い夫から妻への分割を想定しています。

① 合意分割

　結婚期間中に夫が納めていた厚生年金部分の年金の半分を、妻名義の年金として受け取ることができる制度です。分割の対象となるのは厚生年金部分である老齢厚生（退職共済）年金に限られ、国民年金部分である老齢基礎年金は分割の対象となりません。

　報酬比例部分の２分の１（50％）を限度（共働きの場合は双方の報酬比例部分を合算して50％を限度）として、夫の合意があった場合に妻独自の年金として支給を受けることができます。

② ３号分割

　妻が第３号被保険者のときは、離婚の際、結婚期間中における夫の厚生年金記録を夫の合意なしに分割できる制度です。夫の合意が不要なのは平成20年４月以降の結婚期間中に限るため、それ以前の分については合意分割を利用することになります。

● 年金分割の具体例

合意分割と年金分割の具体例は、以下のとおりです。

① 合意分割

夫の年金額が、老齢厚生年金260万円（うち定額部分80万、うち加給年金40万円）、妻の年金額が老齢基礎年金50万円（65歳からの支給）、老齢厚生年金0円（脱退手当金受給のため）とします。

このケースで妻の受け取る年金額は、老齢基礎年金の約50万円（月額4万2000円弱）だけとなります。一方、合意分割が成立すると、夫の年金額260万円のうち、定額部分80万円と加給年金額40万円の計約120万円を分割の対象から除きます。そのため、残った140万円が分割の基礎となる老齢厚生年金の額となります。この140万円のうち結婚期間の部分は140万円×（30年÷40年）＝105万円です。

夫が年金の分割に応じた場合は、この105万円のうち50％にあたる52万5000円を限度として妻に分割されます。月額にして4万3750円です。老齢基礎年金と合わせて月額8万5000円ほどの年金が妻に65歳以降に支給されます（受給資格を満たした場合に限る）。

② 3号分割

妻が年金分割を請求した場合、たとえば、夫の標準報酬月額が38万円だったとすると、結婚期間中の厚生年金記録が夫19万円、妻19万円に書き換えられるわけです。分割された厚生年金記録は、老後は妻の年金として計算されます。

● 年金分割の割合を定める審判、調停

合意分割について、夫婦間で分割割合をめぐって話し合いがまとまらない場合は、家庭裁判所の「年金分割の割合を定める調停・審判」を利用できます。調停の申立書（**書式7**）には、希望する割合を記載し（2分の1の分割を求める場合はチェックを入れます）、年金分割のための情報通知書の写しを添付します。

書式７　年金分割の割合を定める調停申立書 ……………

受付印	☑ 調停
	家事　　　　　　　申立書　事件名（請求すべき按分割合）
	□ 審判

（この欄に申立て1件あたり収入印紙1,200円分を貼ってください。）

```
印
紙
```

（貼った印紙に押印しないでください。）

| 収入印紙 | 円 |
| 予納郵便切手 | 円 |

| ○○家庭裁判所
御中
令和　○年○月○日 | 申　立　人
（又は法定代理人など）
の記名押印 | 甲野　花子　㊞ |

| 添付書類 | （審理のために必要な場合は，追加書類の提出をお願いすることがあります。）
☑ 年金分割のための情報通知書　１　通（各年金制度ごとに必要） | 準　口　頭 |

申 立 人	住　　　所	〒○○○－○○○○ ○○県○○市○○町○丁目○番○号　ハイツ○○　○○○号室 （　　○○○○　方）
	フリガナ 氏　　　名	コウノ　　　ハナコ 甲野　花子	昭和 (平成) ○年　○月　○日生 （　　○○　　歳）
相 手 方	住　　　所	〒○○○－○○○○ ○○県○○市○○町○丁目○番○号　○○アパート　○○号室 （　　　　方）
	フリガナ 氏　　　名	オツカワ　　　タロウ 乙川　太郎	昭和 (平成) ○年　○月　○日生 （　　○○　　歳）

| 申　　　立　　　て　　　の　　　趣　　　旨 |
| 申立人と相手方との間の別紙（☆）　　　　　　　　記載の情報に係る年金分割について
の請求すべき按分割合を，（　☑　0.5　　　　／　□（……………………）　）と定めるとの
（　☑調停　　／　□審判　）を求めます。 |

| 申　　　立　　　て　　　の　　　理　　　由 |
| 1　申立人と相手方は，共同して婚姻生活を営み夫婦として生活していたが，
　　（　☑　離婚　　　／　□　事実婚関係を解消）した。
2　申立人と相手方との間の（　☑　離婚成立日　　／□　事実婚関係が解消したと認められる日），離
　婚時年金分割制度に係る第一号改定者及び第二号改定者の別，対象期間及び按分割合の範囲は，
　別紙のとおりである。 |

（注）　太枠の中だけ記入してください。　□の部分は，該当するものにチェックしてください。
☆　年金分割のための情報通知書の写しをとり，別紙として添付してください（その写しも相手方に送付されます。）。

年金分割 (1/2)

74

（注）　審判の場合，下記の審判確定証明申請書（太枠の中だけ）に記載をし，収入印紙１５０円分を貼ってください。

<table>
<tr><td colspan="2" align="center">審 判 確 定 証 明 申 請 書</td></tr>
<tr><td colspan="2">（この欄に収入印紙１５０円分を貼ってください。）

　　（貼った印紙に押印しないでください。）</td></tr>
<tr><td colspan="2">　本件に係る請求すべき按分割合を定める審判が確定したことを証明してください。

　　　　令和　　　年　　　月　　　日

　　　　　　申請人　　　　　　　　　　　　　　　　　　□</td></tr>
</table>

上記確定証明書を受領した。	上記確定証明書を郵送した。
令和　　　年　　　月　　　日	令和　　　年　　　月　　　日
申請人　　　　　　　　　□	裁判所書記官　　　　　　□

年金分割（2/2）

8 親権者の法律問題と手続き

親権とはどんな権利なのか

親権とは、子どもの利益のために、監護・教育を行ったり、子の財産を管理したりする権限であり義務であるといわれています。具体的には、子どもの世話をしたりしつけや教育をする「身上監護権」と、子どもの財産を管理したり、子どもに代わって契約などを行ったりする「財産管理権」とに分けられます。

そして、親権をもつ人を親権者といいます。離婚せずに両親と子どもで暮らす場合は、夫婦の両方が親権者になります。しかし、未成年者の子ども（18歳未満の子ども）がいる夫婦が離婚する場合は、親権者をどちらか一方に決めなければなりません。

どちらが親権者になるのかが決まっている場合は、離婚届を提出する際に「親権者と定められる当事者の氏名及びその親権に服する子の氏名」を記入します。また、離婚調停で話し合いがまとまりそうな場合は、申立書に親権者を記載する欄があるため、子どもの親権者となる者を記載します。一方、親権者が定められたにもかかわらず、親権者とならなかった方の親が子どもを連れ去った場合は、子の引渡し調停の申立てができます。申立書（**書式8**）には、申立人が親権者であること、相手方が引渡しに応じないこと、といった事情を記載します。

親権者指定の申立て

親権者の指定だけを求める申立てを行うケースは多くないといえますが、事実婚（未婚）の夫婦に子どもが生まれたような場合に親権者指定の申立てを行うことがあります。

事実婚の夫婦に子どもが生まれた場合、何もしなければ母親が親権

者となります。ただ、父親が認知（112ページ）をし、さらに親権者となることを希望している場合は、父親を親権者に指定することもできます。話し合いだけで決着がつかない場合は、親権者指定の調停を申し立てます。申立書には、事実婚の夫婦間に子どもが生まれたことなど、申立ての理由や経緯を記載します。

親権は「子の最善の利益」を中心に決められます。親権者をどちらにすべきかを決定する審判においては、家庭裁判所の調査官が、子どもをめぐる家庭環境や当事者である父母の調査を行います。そして、どちらが親権者としてふさわしいかを検討します。

● 大半は母親が親権者になる

子どもの親権をめぐって調停や審判、もしくは裁判（訴訟）に至った場合、過去に家庭裁判所で扱われたケースを見る限りにおいては、母親が親権者や監護者になることが圧倒的に多くなっています。

しかし、場合によっては、父親が親権者となることもあります。たとえば、父親も母親も収入的に対等の仕事をもっていて、子どもを育てる環境も両者とも同じく問題はないが、母親の側に離婚原因を作った責任がある（有責性がある）ケースでは、母親が親権者としてふさわしくないと判断され、父親が親権者になることもあります。

● 親権者の決定基準のポイント

ここで紹介する決定基準は、裁判離婚の場合のものですが、一般的な協議離婚の場合も、同様の決定基準を応用できると思います。

① 健康状態が良好であること

母親が子を虐待する等、母親としての育児能力に問題があるときは、父親が親権者に指定されます。その割合は10％程度です。しかし、離婚原因につき、母親に有責性があっても、それは妻としてふさわしくないというだけで、母としてふさわしくないというわけではありませ

んから、有責性は親権の帰属問題には影響しません。

② **主たる監護者はどちらか（継続性の原則）**

　子どもの養育を主に担ってきた親が、離婚後も監護を継続するのが望ましいという原則で、親権者を定める最大要因です。養育の主たる担い手は誰かという判断は、単に、物理的な時間の長短ではなく、乳幼児の頃、どちらが主に監護したか、検診や食事、保育園や学校とのやりとりなど、子どもにとって重要な養育を誰が主に担ってきたのかという観点から判断します。

③ **より母性的な性格はどちらか（母性優先の原則）**

　より母性的な方が監護者としてふさわしいという原則で、母親優先の原則ではありません。子どもの成長過程にもよりますが、子どもが小学校４年生頃まではこの原則が重視されます。

④ **子どもの意思（子の意思尊重の原則）**

　子どもの成長程度にもよりますが、子どもが小学校５年生以上になると、子どもに判断能力があるということで、子どもの意思が尊重されます。

⑤ **両親の養育環境の比較（比較考慮の原則）**

　それぞれの家、養育環境、監護補助者の確保の有無、子どもと接する時間の確保等を比較考慮するという原則ですが、継続性の原則・母性優先の原則・子の意思尊重の原則ほど重視されません。

⑥ **その他**

　兄弟不分離の原則、面会交流に対する寛容性も考慮されないではありませんが、補充的な判断要素です。経済力、離婚に関する有責性の程度はほとんど考慮されません。

● 親権者にならなくても、子どもをひきとって育てることは可能

　親権と監護権を分離し、たとえば父親が親権者として子の財産を管理し、母親が監護者として子を育てるという方法も可能です。しかし、

親権と監護者を分離すると子の養育をめぐって絶えざる紛争を誘発することから、現在の家庭裁判所は、原則として、この親権・監護権の分離を認めていません。よほど関係性のよい両親でないと、この親権・監護権の分離はお勧めできません。

● 親権者を変更する場合には手続きが必要

　たとえば、「子どもは父親がひきとって育てることになったが、父親が再婚することになったとたん、子どもがほったらかしの状態にされている」というケースでは、親権者を変えることも可能です。

　ただ、いったん離婚届に記載された親権者は、簡単に変更できるものではありません。家庭裁判所で変更の調停あるいは審判の申立ての手続きが必要です。この親権者変更の申立ては、父母以外の子どもの親族（祖父母など）からでも行うことができます。申立書（**書式10**）には、離婚後の事情の変化、変更を希望する理由などについて、該当事項にチェックをいれます。

■ 親権者変更の手続きの流れ ……………………………………………

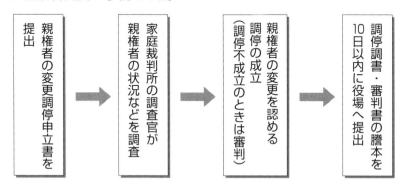

書式8　子の引渡調停申立書 ………………………………

受付印	

家事　☑ 調停　　申立書　事件名（ 子の引渡し ）
　　　　□ 審判

（この欄に申立て1件あたり収入印紙1,200円分を貼ってください。）

印 紙	

（貼った印紙に押印しないでください。）

収入印紙	円
予納郵便切手	円

○○ 家庭裁判所 御中	申　立　人（又は法定代理人など）の記名押印	乙川　春子 ㊞
令和　○年○月○日		

添付書類　（審理のために必要な場合は，追加書類の提出をお願いすることがあります。）

準口頭

申　立　人	本籍（国籍）	（戸籍の添付が必要とされていない申立ての場合は，記入する必要はありません。）　都道府県
	住　所	〒 ○○○ － ○○○○　　○○県○○市○○町○番○号○○アパート ○号（　　　方）
	フリガナ氏　名	オツカワ　ハルコ　乙川　春子	昭和・平成 ○年○月○日生（　○○　歳）

相　手　方	本籍（国籍）	（戸籍の添付が必要とされていない申立ての場合は，記入する必要はありません。）　都道府県
	住　所	〒 ○○○ － ○○○○　　○○県○○市○○町○番○号（　　　方）
	フリガナ氏　名	コウノ　イチロウ　甲野　一郎	昭和・平成 ○年○月○日生（　○○　歳）

（注）太枠の中だけ記入してください。

別表第二，調停(/)

申　　立　　て　　の　　趣　　旨
相手方は，申立人に対し，未成年者乙川太郎を引き渡すとの調停を求めます。

申　　立　　て　　の　　理　　由
1 申立人と相手方は，令和○○年○月○日，未成年者の親権者を申立人と定めて協議離婚しました。
2 その後，申立人が未成年者の監護養育にあたっていましたが，同年○月○日，祖父母が会いたがっているからと言って，相手方が未成年者を相手方宅に連れて行ったまま，以後，申立人がいくら催促をしても未成年者の引渡しに応じません。
3 よって，申立ての趣旨のとおりの調停を求めます。

別表第二，調停(　/　)

書式9　監護者指定の調停申立書 ······················

受付印	☑ 調停
	家事　　　　　　申立書　事件名（子の監護者の指定）
	□ 審判

（この欄に申立て1件あたり収入印紙1,200円分を貼ってください。）

印
紙

（貼った印紙に押印しないでください。）

収入印紙	円
予納郵便切手	円

○○　家庭裁判所 御中 令和 ○ 年 ○ 月 ○ 日	申　立　人 （又は法定代理人など） の記名押印	乙川　春子　㊞

添付書類	（審理のために必要な場合は，追加書類の提出をお願いすることがあります。）	準 □ 頭

申立人	本　籍 （国　籍）	（戸籍の添付が必要とされていない申立ての場合は，記入する必要はありません。） 都　道 府　県	
	住　所	〒 ○○○ － ○○○○ ○○県○○市○○町○番○号○○アパート ○号 （　　　　　　　方）	
	フリガナ 氏　名	オツカワ　　　ハルコ 乙川　春子	昭和 ⦅平成⦆ ○ 年 ○ 月 ○ 日生 （　　○○　歳）
相手方	本　籍 （国　籍）	（戸籍の添付が必要とされていない申立ての場合は，記入する必要はありません。） 都　道 府　県	
	住　所	〒 ○○○ － ○○○○ ○○県○○市○○町○番○号 （　　　　　　　方）	
	フリガナ 氏　名	コウノ　　　タロウ 甲野　太郎	昭和 ⦅平成⦆ ○ 年 ○ 月 ○ 日生 （　　○○　歳）

（注）太枠の中だけ記入してください。

別表第二，調停（　／　）

申 立 て の 趣 旨
未成年者甲野一郎の監護者を申立人と指定するとの調停を求めます。

申 立 て の 理 由
1　申立人と相手方は，平成〇年〇月〇日に結婚し，令和〇〇年〇月〇日に協議離婚しました。
2　離婚に際し，申立人は未成年者の親権者になることを強く希望したのですが，相手方は，自分が親権者にならなければ離婚しないと主張しました。そのため，親権者は相手方でも仕方がないが，未成年者の監護者は申立人とすることを強く主張したのですが，相手方は承諾しませんでした。申立人としては，離婚をするために，やむをえず，未成年者の親権者を相手方と指定することに承諾しました。
3　しかし，未成年者の監護者としては，申立人が適任であると考えますので，この申立てをします。

別表第二，調停（　/　）

書式10　親権者変更の調停申立書····························

この申立書の写しは，法律の定めるところにより，申立ての内容を知らせるため，相手方に送付されます。

受付印	家事	☑ 調停 □ 審判	申立書	親権者の変更

（この欄に未成年者1人につき収入印紙1,200円分を貼ってください。）

収入印紙	円
予納郵便切手	円

（貼った印紙に押印しないでください。）

東京 家庭裁判所 御中 令和 ◯ 年 4 月 8 日	申 立 人 （又は法定代理人など） の 記 名 押 印	大 野 久 美 子　印

添付書類	（審理のために必要な場合は，追加書類の提出をお願いすることがあります。） ☑ 申立人の戸籍謄本(全部事項証明書)　　☑ 相手方の戸籍謄本(全部事項証明書) □ 未成年者の戸籍謄本(全部事項証明書)　　□	準口頭

申立人	本　籍 （国　籍）	東京 ㊞道 府県 世田谷区××◯丁目◯番地	
	住　所	〒 156 － 0000 東京都世田谷区××◯丁目◯番◯号 （　　　　方）	
	フリガナ 氏　名	オオノ　　　クミコ 大 野　久 美 子	㉛昭和 平成 ◯◯年 6 月 21日生 （　◯◯　歳）

相手方	本　籍 （国　籍）	東京 ㊞道 府県 豊島区××◯丁目◯番地	
	住　所	〒 170 － 0000 東京都豊島区××◯丁目◯番◯号 （　　　　方）	
	フリガナ 氏　名	ナカジマ　　ヒロユキ 中 島　博 之	㉛昭和 平成 ◯◯年 9 月 16日生 （　◯◯　歳）

未成年者	未成年者(ら) の本籍(国籍)	□ 申立人と同じ　　☑ 相手方と同じ □ その他（	）
	住　所	□ 申立人と同居　／　☑ 相手方と同居 □ その他（	平成◯◯年 8 月 7 日生 ㊒令和 （　　4　歳）
	フリガナ 氏　名	ナカジマ　　ヤマト 中 島　大 和	
	住　所	□ 申立人と同居　／　□ 相手方と同居 □ その他（	平成 令和 年 月 日生 （　　　歳）
	フリガナ 氏　名		
	住　所	□ 申立人と同居　／　□ 相手方と同居 □ その他（	平成 令和 年 月 日生 （　　　歳）
	フリガナ 氏　名		
	住　所	□ 申立人と同居　／　□ 相手方と同居 □ その他（	平成 令和 年 月 日生 （　　　歳）
	フリガナ 氏　名		

（注）　太枠の中だけ記入してください。　□の部分は，該当するものにチェックしてください。

親権者変更（1/2）

この申立書の写しは，法律の定めるところにより，申立ての内容を知らせるため，相手方に送付されます。

※ 申立ての趣旨は，当てはまる番号を○で囲んでください。
　　□の部分は，該当するものにチェックしてください。

申　立　て　の　趣　旨

※
1　未成年者の親権者を，（ ☑相手方 ／ □申立人 ）から（ ☑申立人 ／ □相手方 ）
　　に変更するとの（ ☑調停 ／ □審判 ）を求めます。

（親権者死亡の場合）
2　未成年者の親権者を，（ □亡父 ／ □亡母 ）
　氏名_____
　本籍_____
　　から　申立人　に変更するとの　審判　を求めます。

申　立　て　の　理　由

現　在　の　親　権　者　の　指　定　に　つ　い　て

☑　離婚に伴い指定した。　　　　　その年月日　平成・令和○○年　5月15日
□　親権者の変更又は指定を行った。（裁判所での手続の場合）
　　　　　　　　　　　　　　　　　_____家庭裁判所_____（□支部/□出張所）
　　　　　　　　　　　　　　　　　平成・令和____年（家_____）第_____号

親　権　者　指　定　後　の　未　成　年　者　の　監　護　養　育　状　況

□　平成・令和○○年　5月15日から平成・令和○○年　4月8日まで
　　　　　　　　□申立人 ／ ☑相手方 ／ □その他（_____）のもとで養育
□　平成・令和　　年　　月　　日から平成・令和　　年　　月　　日まで
　　　　　　　　□申立人 ／ □相手方 ／ □その他（_____）のもとで養育
□　平成・令和　　年　　月　　日から現在まで
　　　　　　　　□申立人 ／ □相手方 ／ □その他（_____）のもとで養育

親　権　者　の　変　更　に　つ　い　て　の　協　議　状　況

□　協議ができている。
☑　協議を行ったが，まとまらなかった。
□　協議は行っていない。

親　権　者　の　変　更　を　必　要　と　す　る　理　由

□　現在，（□申立人/□相手方）が同居・養育しており，変更しないと不便である。
□　今後，（□申立人/□相手方）が同居・養育する予定である。
□　（□相手方/□未成年者）が親権者を変更することを望んでいる。
□　親権者である相手方が行方不明である。（平成・令和____年____月頃から）
□　親権者が死亡した。（平成・令和____年____月____日死亡）
☑　相手方を親権者としておくことが未成年者の福祉上好ましくない。
□　その他（_____）

親権者変更（2/2）

⑨ 面会交流と手続き

● 親権者にならなかった側が子どもと会う面会交流

　離婚の際に親権者（または監護者）にならなかった側が、離婚後に子どもと会って一緒に時間を過ごすことを面会交流といいます。面会交流については、実際にどのように実行するかを、あらかじめ取り決めておいた方がよいでしょう。たとえば、以下の点についてです。

　・1か月に何回会うのか
　・何時間（あるいは何日間）会うのか
　・日時を決めるのは誰なのか
　・場所はどこにするのか
　・子どもをどのように送り届けるのか
　・日時や場所の変更は可能なのか
　・連絡方法はどうするのか
　・子どもの意思はどうするのか

　とても細かいことですが、後にトラブルを起こさないためにも、きちんと決めて書面にして残しておきましょう。

● 面会交流が認められないこともある

　面会交流は、あくまでも「子の最善の利益」に反しないことが基本ですから、子どもと会わせるにあたって問題がある場合は、面会交流が認められないこともあります。裁判所の判断によれば、以下の①〜④の場合に相当するケースでは、子どもとの面会交流に制限が加えられるか、面会交流が認められないとされるようです。

① 面会交流中に子どもに暴力や虐待を加えるおそれがある場合
② 面会交流を利用して子どもを連れ去るおそれがある場合
③ 子どもが自分の意思で面会交流を拒否する場合
④ 精神疾患や薬物依存症などにより面会交流中の子どもの安全性を確保できない場合

　ある程度の年齢に達していれば、子どもの積極的な希望や意向も考慮すべきといえます。子どもに苦しみを味わわせないためにも、親は我が身を律して、離婚の手続きにのぞむべきといえます。

● 面会交流の変更・取消しも可能である

　面会交流をめぐって、子どもをまきこんでトラブルになるケースは意外に多いものです。この場合、家庭裁判所に面会交流の変更あるいは面会交流の申立てを行うことで、新たに取り決めをすることができますし、離婚の際に面会交流について話し合う機会がもてなかった場合でも、家庭裁判所に面会交流を求める調停を申し立てることが可能です。申立書（**書式11**）には、子の養育状況、申立てに至った事情を記載します。一方、話し合いで取り決めた場合の詳細は、念書や公正証書といった書面に記載しておきます。

　調停で決定された面会交流も、その後の事情によっては取り消すことが可能です。子どもをひきとった親が再婚し、子どもも再婚相手を実の親と思って暮らしている場合も、別れた親と会うことが子どもにマイナスになると判断されれば、面会交流が認められなくなることもあります。後に重要な事情の変更があった場合、当初決めた面会交流の内容が見直される可能性があることは知っておくとよいでしょう。

書式11　面会交流についての調停申立書······················

この申立書の写しは，法律の定めるところにより，申立ての内容を知らせるため，相手方に送付されます。

受付印	家事	☑ 調停 ☐ 審判	申立書	子の監護に関する処分 （面会交流）

（この欄に未成年者1人につき収入印紙1,200円分を貼ってください。）

収入印紙　　　　円
予納郵便切手　　　円

（貼った印紙に押印しないでください。）

東京　家庭裁判所 　　　　　　　　御中 令和 ○ 年 4 月 10 日	申　立　人 （又は法定代理人など） の 記 名 押 印	池田　尚宏　㊞

添付書類	（審理のために必要な場合は，追加書類の提出をお願いすることがあります。） ☐ 未成年者の戸籍謄本(全部事項証明書) ☐	準 口 頭

申立人	住　所	〒 135 － 0000 東京都江東区××○丁目○番○号（　　　　　方）	
	フリガナ 氏　　名	イケダ　ナオヒロ 池田　尚宏	㊙昭和 平成 ○○年 4 月 18 日生 （　○○　歳）
相手方	住　所	〒 110 － 0000 東京都台東区××○丁目○番○号（　　　　　方）	
	フリガナ 氏　　名	アンドウ　マユミ 安藤　真由美	㊙昭和 平成 ○○年 11 月 15 日生 （　○○　歳）
未成年者	住　所	☐ 申立人と同居　／　☑ 相手方と同居 ☐ その他（　　　　　　　　　　　　）	㊙平成 令和 ○○年 10 月 17 日生
	フリガナ 氏　　名	アンドウ　ユウト 安藤　悠斗	（　7　歳）
	住　所	☐ 申立人と同居　／　☐ 相手方と同居 ☐ その他（　　　　　　　　　　　　）	平成 令和 　年　月　日生
	フリガナ 氏　　名		（　　歳）
	住　所	☐ 申立人と同居　／　☐ 相手方と同居 ☐ その他（　　　　　　　　　　　　）	平成 令和 　年　月　日生
	フリガナ 氏　　名		（　　歳）
	住　所	☐ 申立人と同居　／　☐ 相手方と同居 ☐ その他（　　　　　　　　　　　　）	平成 令和 　年　月　日生
	フリガナ 氏　　名		（　　歳）

（注）　太枠の中だけ記入してください。　☐の部分は，該当するものにチェックしてください。

この申立書の写しは，法律の定めるところにより，申立ての内容を知らせるため，相手方に送付されます。

（注）□の部分は，該当するものにチェックしてください。

申　立　て　の　趣　旨

（　☑申立人　／　□相手方　）と未成年者が面会交流する時期，方法などにつき
（　☑調停　／　□審判　）を求めます。

申　立　て　の　理　由

申　立　人　と　相　手　方　の　関　係

☑　離婚した。　　　　　　　　　　　　その年月日：平成・令和＿＿＿年＿＿＿月＿＿＿日
□　父が未成年者＿＿＿＿＿＿＿＿＿＿を認知した。
□　婚姻中→監護者の指定の有無　□あり（□申立人　／　□相手方）　／　□なし

未　成　年　者　の　親　権　者（離婚等により親権者が定められている場合）

□　申立人　　／　　☑　相手方

未　成　年　者　の　監　護　養　育　状　況

□　平成・令和　　年　　月　　日から平成・令和　　年　　月　　日まで
　　□申立人　／　□相手方　／　□その他（＿＿＿＿＿＿）のもとで養育
□　平成・令和　　年　　月　　日から平成・令和　　年　　月　　日まで
　　□申立人　／　□相手方　／　□その他（＿＿＿＿＿＿）のもとで養育
☑　平成・(令和)○○年　8月10日から現在まで
　　□申立人　／　☑相手方　／　□その他（＿＿＿＿＿＿）のもとで養育

面　会　交　流　の　取　決　め　に　つ　い　て

1　当事者間の面会交流に関する取決めの有無
　　☑あり（取り決めた年月日：平成・(令和)○○年　8月10日）　　□なし
2　1で「あり」の場合
　(1)　取決めの方法
　　　□口頭　☑念書　□公正証書　　　　　　　＿＿＿＿＿家庭裁判所＿＿＿＿＿　（□支部／□出張所）
　　　□調停　□審判　□和解　□判決　→　　平成・令和＿＿＿＿年（家＿＿＿）第＿＿＿＿＿号
　(2)　取決めの内容
　　　（＿＿＿＿＿＿＿＿＿＿＿＿＿＿＿＿＿＿＿）

面　会　交　流　の　実　施　状　況

□　実施されている。
☑　実施されていたが，実施されなくなった。（平成・(令和)○○年　8月＿＿日から）
□　これまで実施されたことはない。

本　申　立　て　を　必　要　と　す　る　理　由

□　相手方が面会交流の協議等に応じないため
☑　相手方と面会交流の協議を行っているがまとまらないため
□　相手方が面会交流の取決めのとおり実行しないため
□　その他（＿＿＿＿＿＿＿＿＿＿＿＿＿＿＿＿＿＿＿＿＿）

面会交流（2/2）

10 離婚による氏の変更

● 離婚しても子の氏は当然に変わるわけではない

　婚姻によって氏（姓）を改めた者は、離婚によって婚姻前の氏に戻ります（復氏）。ただし、離婚の日から３か月以内に届出をすれば、離婚前の氏を引き続き名乗ることができます（婚氏続称）。

　子については、父母が婚姻中に出生したのであれば、父母が名乗っている氏を名乗ります。子の出生後に父母が離婚しても、子の氏は当然には変わりません。また、子の出生前に父母が離婚した場合、その子は父母が離婚の際に名乗っていた氏を名乗ります。

　たとえば、婚姻中に父の氏を称していた子は、父母の離婚後、そのまま父の氏を名乗ります。そして、子の戸籍については、父母の離婚後も母の抜けた父の戸籍に残ります。しかし、母が親権者となって子と一緒に暮らすときは、母と子の氏が異なって不都合です。

　そこで、父母が離婚して、父または母の氏と子の氏とが異なることになった場合、子は、家庭裁判所の許可を得て、父または母の氏に変更できます。子が15歳未満のときは、法定代理人が代わって子の氏の変更を申し立てます。上記の例では、子の氏を母の氏と同一に変更すれば、子が花の戸籍に入ることになります。

　氏の変更を希望する場合、家庭裁判所に子の氏の変更を申し立てます。申立書（**書式12**）には、変更後の氏（姓）を記載し、申立ての趣旨、理由について該当欄にチェックを入れます。なお、氏の変更をすることは、子が未成年であっても、成年者であってもできますが、未成年のときに氏の変更をした場合は、子が成年に達した後１年以内に自ら届出をすれば、変更前の氏に戻すことができます。

書式12　子の氏の変更許可申立書（15歳未満）・・・・・・・・・・

<table>
<tr><td rowspan="3">受付印</td><td colspan="2" style="text-align:center">子 の 氏 の 変 更 許 可 申 立 書</td></tr>
<tr><td colspan="2">（この欄に申立人１人について収入印紙800円分を貼ってください。）</td></tr>
<tr><td colspan="2"></td></tr>
</table>

| 収 入 印 紙 | 円 |
| 予納郵便切手 | 円 |

（貼った印紙に押印しないでください。）

| 準口頭 | | 関連事件番号　平成・令和　　年（家　　）第 | 号 |

| 東 京 家庭裁判所
御 中
令和 ○ 年 ○ 月 ○ 日 | 申　立　人
（15歳未満の
場合は法定代
理人）
の記名押印 | ○○○○法定代理人　親権者 母
○　　　○　　　○　　　○　　　印 |

| 添付書類 | （同じ書類は１通で足ります。審理のために必要な場合は，追加書類の提出をお願いすることがあります。）
☑申立人（子）の戸籍謄本（全部事項証明書）　　☑父・母の戸籍謄本（全部事項証明書）
□ |

	本　籍	神奈川 ~~都 道 府~~ ⑭　横浜市青葉区青葉台○番地	
申 立 人 （子）	住　所	〒169 － 0075　　　　　　　電話　　03（××××）×××× 東京都新宿区高田馬場○丁目○番○号（　　　　方）	
	フリガナ 氏　名	ヨシ ダ　タク ヤ 吉 田 拓 哉	昭和 ~~平成~~ 令和　○年　○月　○日生 （　　　歳）
	本　籍 住　所	※　上記申立人と同じ	
	フリガナ 氏　名		昭和 平成 令和　年　月　日生 （　　　歳）
	本　籍 住　所	※　上記申立人と同じ	
	フリガナ 氏　名		昭和 平成 令和　年　月　日生 （　　　歳）
☆ 法定代理人 父・母 後見人	本　籍	神奈川 ~~都 道 府~~ ⑭　川崎市川崎区中瀬○丁目○番地	
	住　所	〒　　－　　　　　　　　　電話　　（　　　） 上記申立人の住所に同じ　　　　　　　（　　　方）	
	フリガナ 氏　名	カワ ダ　ヨウ コ 河 田 洋 子	フリガナ 氏　名

（注）　太枠の中だけ記入してください。　　※の部分は，各申立人の本籍及び住所が異なる場合はそれぞれ記入してください。　　☆の部分は，申立人が１５歳未満の場合に記入してください。

子の氏　(1/2)

	申　立　て　の　趣　旨	

※

申立人の氏（　**吉田**　）を　①　母　　の氏（　**河田**　）に変更することの許可を求める。
　　　　　　　　　　　　　　2　父
　　　　　　　　　　　　　　3　父母

(注)　※の部分は，当てはまる番号を○で囲み，（　）内に具体的に記入してください。

	申　立　て　の　理　由	

父　・　⑯　と　氏　を　異　に　す　る　理　由

※
①　父　母　の　離　婚　　　　5　父　の　認　知
2　父　・　母　の　婚　姻　　　6　父(母)死亡後，母(父)の復氏
3　父　・　母　の　養　子　縁　組　　7　その他（　　　　　　　　　　　　　　）
4　父　・　母　の　養　子　離　縁

（その年月日　平成・⑯令和　○年　○月　○日）

申　立　て　の　動　機

※
①　母との同居生活上の支障　　5　結　　　　　　　　婚
2　父との同居生活上の支障　　6　その他
3　入　園　・　入　学
4　就　　　　　　　職

(注)　太枠の中だけ記入してください。　※の部分は，当てはまる番号を○で囲み，父・母と氏を異にする
　　理由の7，申立ての動機の6を選んだ場合には，（　　）内に具体的に記入してください。

11 子どもの養育費

● 養育費は双方の経済力に応じて変化する

　養育費とは、子の養育（監護や教育）のための費用です。離婚に際しては、親権者として子を引き取る夫婦の一方が、他方に養育費の支払いを請求するのが一般的です。養育費の支払いは、離婚時に「子の監護に要する費用」を協議し、協議がまとまらなければ家庭裁判所が定めるとする民法の規定などが根拠とされています。親権者は子の代わりに養育費の支払いを請求するにすぎず、養育費は親権者自身のためのものではないことに注意を要します。

　もっとも、養育費の金額や支払方法などについて、具体的な基準が定められているわけではありません。養育費の金額は、裁判所が公表している「養育費・婚姻費用算定表」に、支払う側（義務者）と受け取る側（権利者）の双方の収入を当てはめて決まることが多く、双方の経済力に応じて変わるといえます。一般家庭では、子ども1人につき月5万円程度となることが多いようです。したがって、離婚時に子の親権者とならなかったことを理由に、養育費の支払いを拒否することや、養育費の額を極端に少なくすることは認められません。

　養育費の支払いは月払いのことが多く、その場合は支払期間が長期にわたるため、支払いが滞るといったトラブルが目立ちます。養育費は債権ですから、不払いとなったら貸金などの金銭債権の取り立てと同様の措置をとることが可能です。特に、義務者の給与債権を差し押さえた場合は、差押え以後に支払われる給与についても差押えの効力が及びます。養育費の不払いについては適切に催促することが必要です。たとえば、公正証書（39ページ）を作成する、内容証明郵便を出すといった方法があります。

● 養育費請求調停の申立て

養育費についての話し合いがまとまらない（取り決めがない）場合や、取り決めがあるのに養育費の支払いが行われない場合は、家庭裁判所の調停を利用することができます。申立書（**書式13**）には、養育費の支払状況や取り決めについて該当事項にチェックを入れます。

また、養育費の金額の増減を希望する場合も調停を利用することができますので、申立書に増額または減額を求める事情を記載します。

● 養育費を確保するための法的措置

審判や調停で取り決めた養育費については、不払いが続いており、催促しても効果がない場合には、以下の措置を講じることもできます。

① 履行勧告

家庭裁判所は、権利者の申し出のあった場合、審判や調停で定められた義務の履行を怠っているか否かを調査し、怠っている場合は義務の履行を勧告します。勧告なので強制力はありませんが、国家機関である裁判所が行うことから一定の効果があります。

② 履行命令

家庭裁判所は、権利者の申し出のあった場合、審判や調停で定められた金銭などの財産を給付する義務を怠っている者に対し、その履行を命じることもできます。正当な理由もなく履行命令に応じない場合は過料の支払いが命じられます。

③ 強制執行

審判書や調停調書は判決と同様の効力がありますので、養育費の支払義務者に対して強制執行もできます。なお、強制執行受諾文言付きの公正証書がある場合も強制執行ができます。

● 事情によっては養育費の額を増減できる

いったん取り決めた養育費の変更は簡単ではありませんが、取り決

めた内容が客観的に見て現実的でないと判断される場合は、その内容を再検討して増額または減額をすることが認められています（**書式14参照**）。たとえば、増額のケースとしては、

・支払う側の収入が大幅にアップした場合
・受け取る側が病気や失職などで収入が低下した場合
　などが挙げられ、減額のケースとしては、
・支払う側が病気や失職で収入が低下した場合
・受け取る側の収入が大幅にアップした場合
　などが挙げられます。

　また、支払う側、受け取る側それぞれの扶養家族の増減も養育費の金額に影響を与えます。こうした養育費の増減についても、あらかじめ取り決めておくとよいでしょう。なお、養育費は、子どもから父親に対する扶養料の支払いという形での請求も可能です。その場合は、親権者が子どもに代理して請求することになります。

◉ 養育費の支払いを確保する

　養育費の不払いを理由とする強制執行が認められる場合は、支払う側（支払義務者）の財産の差押えができます。給与債権の場合、通常の差押えは、支払期限を過ぎた滞納分しか対象となりませんが、養育費の場合、子に対する親の責任の重大性が考慮され、滞納分だけでなく支払期限が来ていない将来分も含めて差押えができます。

　差押えの対象となる財産として、預貯金、不動産、給料などが挙げられます。給料については、原則として手取り金額の2分の1まで差押えが可能です。支払う側の勤務先や預貯金、所有不動産などの情報が不明な場合は、財産開示手続きを利用するとよいでしょう。

この申立書の写しは，法律の定めるところにより，申立ての内容を知らせるため，相手方に送付されます。

受付印		家事	☑ 調停 ☐ 審判	申立書　事件名	子の監護に関する処分 ☑ 養育費請求 ☐ 養育費増額請求 ☐ 養育費減額請求

（この欄に子１人につき収入印紙１，２００円分を貼ってください。）

収　入　印　紙	円
予納郵便切手	円

（貼った印紙に押印しないでください。）

○○　家庭裁判所 　　　　　　　御中 令和 ○ 年 ○ 月 ○ 日	申　立　人 （又は法定代理人など） の記名押印	小島　歩美　㊞	準口頭

添付書類	（審理のために必要な場合は，追加書類の提出をお願いすることがあります。） ☑ 子の戸籍謄本（全部事項証明書） ☑ 申立人の収入に関する資料（源泉徴収票，給与明細，確定申告書，非課税証明書の各写し等） ☐

申立人	住　　所	〒 ○○○-○○○○ ○○県○○市○○町○丁目○番○号　　（　　　　方）		
	フリガナ 氏　　名	コジマ　　アユミ 小島　歩美	(昭和) 平成 ○ 年 ○ 月 ○ 日生 （　○○　歳）	
相手方	住　　所	〒 ○○○-○○○○ ○○県○○市○○町○丁目○番○号　　（　　　　方）		
	フリガナ 氏　　名	ヨシダ　　ゲンタ 吉田　元太	(昭和) 平成 ○ 年 ○ 月 ○ 日生 （　○○　歳）	
対象となる子	住　　所	☑ 申立人と同居　／　☐ 相手方と同居 ☐ その他（　　　　　）	(平成) 令和 ○ 年 ○ 月 ○ 日生 （　○　歳）	
	フリガナ 氏　　名	コジマ　　アイ 小島　愛		
	住　　所	☐ 申立人と同居　／　☐ 相手方と同居 ☐ その他（　　　　　）	平成 令和 　年　月　日生 （　　歳）	
	フリガナ 氏　　名			
	住　　所	☐ 申立人と同居　／　☐ 相手方と同居 ☐ その他（　　　　　）	平成 令和 　年　月　日生 （　　歳）	
	フリガナ 氏　　名			
	住　　所	☐ 申立人と同居　／　☐ 相手方と同居 ☐ その他（　　　　　）	平成 令和 　年　月　日生 （　　歳）	
	フリガナ 氏　　名			

（注）　太枠の中だけ記入してください。　☐の部分は，該当するものにチェックしてください。

養育費　（1/2）

この申立書の写しは，法律の定めるところにより，申立ての内容を知らせるため，相手方に送付されます。

※ 申立ての趣旨は，当てはまる番号を○で囲んでください。 □の部分は，該当するものにチェックしてください。

申　立　て　の　趣　旨

（ ☑相手方 ／ □申立人 ）は，（ ☑申立人 ／ □相手方 ）に対し，子の養育費
として，次のとおり支払うとの（ ☑調停 ／ □審判 ）を求めます。
※ ① 1人当たり毎月（ ☑ 金　○○　円 ／ □ 相当額 ）を支払う。
　　2 1人当たり毎月金＿＿＿＿＿円に増額して支払う。
　　3 1人当たり毎月金＿＿＿＿＿円に減額して支払う。

申　立　て　の　理　由

同　居　・　別　居　の　時　期

同居を始めた日…昭和・平成・令和 ○年○月○日　別居をした日…昭和・平成・令和 ○年○月○日

養　育　費　の　取　決　め　に　つ　い　て

1 当事者間の養育費に関する取決めの有無
　　□あり（取り決めた年月日：平成・令和＿＿年＿＿月＿＿日）　☑なし
2 1で「あり」の場合
　(1) 取決めの種類
　　□口頭 □念書 □公正証書　　［＿＿＿＿＿家庭裁判所＿＿＿＿＿（□支部／□出張所）
　　□調停 □審判 □和解 □判決 →　平成・令和＿＿＿＿年（家＿＿＿）第＿＿＿＿＿＿号
　(2) 取決めの内容
　　（□相手方／□申立人）は，（□申立人／□相手方）に対し，平成・令和＿＿年＿＿月から
　　まで，子1人当たり毎月＿＿＿＿＿円を支払う。

養　育　費　の　支　払　状　況

□ 現在，1人当たり1か月＿＿＿＿＿円が支払われている（支払っている）。
□ 平成・令和＿＿年＿＿月まで1人当たり1か月＿＿＿＿＿円が支払われて（支払って）いたが，
　その後（□＿＿＿＿円に減額された（減額した）。／□ 支払がない（支払っていない）。）
□ 支払はあるが一定しない。
☑ これまで支払はない。

養育費の増額又は減額を必要とする事情（増額・減額の場合のみ記載してください。）

□ 申立人の収入が減少した。　　　　□ 相手方の収入が増加した。
□ 申立人が仕事を失った。
□ 再婚や新たに子ができたことにより申立人の扶養家族に変動があった。
□ 申立人自身・子にかかる費用（□学費 □医療費 □その他）が増加した。
□ 子が相手方の再婚相手等と養子縁組した。
□ その他（＿＿＿＿＿＿＿＿＿＿＿＿＿＿＿＿＿＿＿＿＿＿＿＿＿＿＿＿＿＿）

養育費（2/2）

書式14　養育費増額の調停申立書……………………………

受付印	☑ 調停　　　　　　　　　　**子の監護に関する処分** 家事　　　申立書　事件名　☐ 養育費請求 ☐ 審判　　　　　　　　　☑ 養育費増額請求 　　　　　　　　　　　　　☐ 養育費減額請求

収 入 印 紙　　　　　円	（この欄に子1人につき収入印紙1,200円分を貼ってください。） （貼った印紙に押印しないでください。）
予納郵便切手　　　　　円	

○○ 家庭裁判所 　　　御中 令和 ○ 年 ○ 月 ○ 日	申　立　人 （又は法定代理人など） の 記 名 押 印	丙山 春子　㊞

添付書類	（審理のために必要な場合は，追加書類の提出をお願いすることがあります。） ☑ 子の戸籍謄本（全部事項証明書） ☑ 申立人の収入に関する資料（源泉徴収票，給与明細，確定申告書，非課税証明書の写し等） ☐	準 口 頭

申	住　　所	〒○○○－○○○○ ○○県○○市○○町○丁目○番○号 ○○アパート○号室 　　　　　　　　　　　　　　　　　　　　　　　（　　　　　　方）	昭和 (平成) ○年 ○月 ○日生 （　○○　歳）
立 人	フリガナ 氏　　名	ヘイヤマ　　ハルコ 丙山 春子	
相	住　　所	〒○○○－○○○○ ○○県○○市○○町○丁目○番○号 　　　　　　　　　　　　　　　　　　　　（　　　　　　方）	昭和 (平成) ○年 ○月 ○日生 （　○○　歳）
手 方	フリガナ 氏　　名	テイノ　　タロウ 丁野 太郎	
対 象 と な る 子	住　　所	☐ 申立人と同居　　／　　☐ 相手方と同居 ☐ その他（　　　　　　　　　　　　）	平成 (令和) ○年 ○月 ○日生 （　　　○　歳）
	フリガナ 氏　　名	ヘイヤマ　　イチロウ 丙山 一郎	
	住　　所	☐ 申立人と同居　　／　　☐ 相手方と同居 ☐ その他（　　　　　　　　　　　　）	平成 (令和) ○年 ○月 ○日生 （　　　○　歳）
	フリガナ 氏　　名	ヘイヤマ　　アヤカ 丙山 彩花	
	住　　所	☐ 申立人と同居　　／　　☐ 相手方と同居 ☐ その他（　　　　　　　　　　　　）	平成 令和　　年　　月　　日生 （　　　　　歳）
	フリガナ 氏　　名		
	住　　所	☐ 申立人と同居　　／　　☐ 相手方と同居 ☐ その他（　　　　　　　　　　　　）	平成 令和　　年　　月　　日生 （　　　　　歳）
	フリガナ 氏　　名		

（注）太枠の中だけ記入してください。□の部分は，該当するものにチェックしてください。

養育費(1/2)

※ 申立ての趣旨は，当てはまる番号を○で囲んでください。 □の部分は，該当するものにチェックしてください。

申　立　て　の　趣　旨

（ ☑相手方 ／ □申立人 ）は，（ ☑申立人 ／ □相手方 ）に対し，子の養育費
として，次のとおり支払うとの（ ☑調停 ／ □審判 ）を求めます。

※　1　1人当たり毎月　（□ 金＿＿＿＿＿＿＿＿円 ／ □ 相当額 ）を支払う。

②　2　1人当たり毎月金　○万＿＿＿＿円に増額して支払う。

　　3　1人当たり毎月金＿＿＿＿＿＿円に減額して支払う。

申　立　て　の　理　由

同　居　・　別　居　の　時　期

同居を始めた日…(平成)／令和　○○年　○月　○日　別居をした日…平成／(令和)　○年　○月　○日

養　育　費　の　取　決　め　に　つ　い　て

1　当事者間の養育費に関する取り決めの有無
　　☑あり（取り決めた年月日：平成・(令和) ○年 ○月 ○日） □なし
2　1で「あり」の場合
　　□　取決めの種類
　　　□口頭　□念書　☑公正証書　┌＿＿＿＿家庭裁判所＿＿＿＿（□支部／□出張所）
　　　□調停　□審判　□和解　□判決 →└平成・令和＿＿年(家＿＿)第＿＿＿号
　　□　取決めの内容
　　　（☑相手方／□申立人）は，（☑申立人／□相手方）に対し，平成・(令和)○年 ○月
　　　から ○○○○ まで，子1人当たり毎月　○万　円を支払う。

養　育　費　の　支　払　状　況

☑　現在，1人当たり1か月　○万＿＿＿円が支払われている（支払っている）。
□　平成・令和＿＿年＿＿月まで1人当たり1か月＿＿＿＿円が支払われて（支払って）
　　いたがその後（□＿＿＿円に減額された（減額した）。／□　支払がない。）
□　支払はあるが一定しない。
□　これまで支払はない。

養育費の増額または減額を必要とする事情（増額・減額の場合のみ記載してください。）
□　申立人の収入が減少した。　　（　相手方の収入が増加した。
☑　申立人が仕事を失った。
□　再婚や新たに子ができたことにより申立人の扶養家族に変動があった。
☑　申立人自身・子にかかる費用（☑学費　□医療費　□その他）が増加した。
□　子が相手方の再婚相手等と養子縁組した。
□　その他（＿＿＿＿＿＿＿＿＿＿＿＿＿＿＿＿＿＿＿＿＿＿＿＿＿）

養育費(2/2)

協議離婚の手続き

● 離婚届を提出する

　協議離婚の際は、夫婦双方で離婚の意思をきちんと確認した上で離婚届を作成し、役所（役場）へ提出します。離婚届の用紙は役所にいけば入手できます。届出をするには戸籍謄本も必要ですから、あらかじめ本籍地の役所からとり寄せておきましょう。海外に在住している場合は、その国に駐在する日本の大使、公使、領事に届出をすれば入手できます。子どもがいる場合は、離婚後の親権者になる者の氏名と、その親権に服する子の氏名を記載します。さらに、協議離婚の場合、届出には成人の証人が2人必要です。証人の生年月日、住所、本籍の記載と署名をします。

● 協議離婚であっても、取り決めたことは書面化しておく

　離婚する夫婦双方の性格や離婚の理由、あるいは離婚する際の状況にもよりますが、たとえお互いに納得して協議離婚をするとしても、取り決めた事項は書面で残しておくべきです。財産分与や養育費のような金銭的な事項はもちろん、子どもとの面会交流の事項など、離婚後にトラブルのもとになりそうな問題は、合意書のような形で、離婚届を提出する前に書面として残しておくようにしましょう。

　万全を期するならば、その書面を公正証書にして残しておくとよいでしょう。金銭面でもめることが起きても、「金銭債務を履行しないときは、直ちに強制執行に服する」といった一文（強制執行受諾文言）を入れることができますので、その場合は、強制執行によって財産の差押えなどが可能です。

● 合意書に残しておくべきこと

　財産分与や慰謝料、子どもの養育費といった金銭的な事項について
は、「どちらがいくらを、いつまでに、どのような方法で支払うのか」
を具体的に記載します。また、未成年の子どもがいる場合は、「親権
者をどちらにするのか」「親権者と監護者を分けるのか」「親権者だけ
が子どもの養育をする場合、子どもをひきとらなかった側はどのよう
に子どもと面会するのか」などの細かいことまで記載すべきです。

　夫婦間で取り決めをして離婚したにもかかわらず、後日、復縁や財
産・荷物の引渡しをめぐってトラブルが生じることもあります。この
場合は、家庭裁判所に対して離婚後の紛争調整調停を申し立てること
ができます。申立書（**書式16**）には、離婚時に取り決めた約束、申
立てに至った事情などを記載します。

● 一方的に離婚届を提出されてしまった場合

　協議離婚の場合は、必ず夫婦両方の離婚の意思が合致していなけれ
ばならず、一方の意思だけでは協議離婚することができません。

　たとえば、双方が離婚届に署名押印をして離婚届を作成しても、相
手に「離婚する意思はない」と通告しさえすれば、その後に離婚届が
役所に受理されたとしても、離婚無効確認の調停を家庭裁判所に申し
立てることができます。申立書（**書式15**）には、離婚の無効を求め
ることと、離婚が無効であることを根拠付ける事情を記載します。離
婚する意思がないと通告をしたことが訴訟で立証できなければ、申立
てが認められない（離婚が成立する）可能性が高いので、通告を何ら
かの形で立証できるようにしておく必要があります。

　なお、相手が離婚届を提出する前であれば、役所に「離婚届の不受
理申出書」を提出しておくという方法もあります。

書式15　協議離婚無効確認の調停申立書······················

受付印	☑ 調停
	家事　　　　　　　申立書　事件名（協議離婚無効確認） □ 審判

<table>
<tr><td rowspan="2">受付印</td><td>（この欄に申立て1件あたり収入印紙1,200円分を貼ってください。）</td></tr>
<tr><td>印
紙　　　　　（貼った印紙に押印しないでください。）</td></tr>
</table>

収入印紙	円
予納郵便切手	円

○○　家庭裁判所 　　　　　　　　御 中 令和 ○ 年 ○ 月 ○ 日	申　立　人 （又は法定代理人など） の 記 名 押 印	乙 川　春 子　㊞

添付書類	（審理のために必要な場合は，追加書類の提出をお願いすることがあります。）	準 口 頭

申立人	本　籍 （国　籍）	（戸籍の添付が必要とされていない申立ての場合は，記入する必要はありません。） ○○ 都道府県 ○○市○○町○○番地
	住　所	〒 ○○○ － ○○○○ ○○県○○市○○町○番○号○○マンション ○○○号室 （　　　　　　方）
	フリガナ 氏　名	オツカワ　　ハルコ 乙 川　春 子	昭和 (平成) ○ 年 ○ 月 ○ 日生 （　○○　歳）

相手方	本　籍 （国　籍）	（戸籍の添付が必要とされていない申立ての場合は，記入する必要はありません。） ○○ 都道府県 ○○市○○町○番地
	住　所	〒 ○○○－ ○○○○ ○○県○○市○○町○番○号 （　　　　　　方）
	フリガナ 氏　名	コウノ　　イチロウ 甲 野　一 郎	昭和 (平成) ○ 年 ○ 月 ○ 日生 （　○○　歳）

（注）太枠の中だけ記入してください。

別表第二，調停（　/　）

申　　立　　て　　の　　趣　　旨

　申立人と相手方との協議離婚は無効であることを確認するとの調停・審判を求めます。

申　　立　　て　　の　　理　　由

1　申立人と，相手方は，平成○年○月○日婚姻し，一男一女をもうけました。

2　相手方は，令和○年○月ころから○○と同棲を始め，申立人に対し，再三離婚を求めるようになりましたが，申立人は，子どものことを考え，離婚の申し出を拒んできました。

3　最近，申立人が戸籍謄本を取り寄せたところ，令和○年○月○日に，申立人と相手方との協議離婚届出がなされていましたが，これは，相手方が申立人に無断でした無効な届出です。

4　申立人は，相手方と離婚する意思がまったくありませんでしたので，申立ての趣旨のとおりの調停・審判を求めます。

別表第二，調停(　/　)

書式16　離婚後の紛争調整の調停申立書‥‥‥‥‥‥‥‥

受付印	☑ 調停 家事　　　申立書　事件名（離婚後の紛争調整） □ 審判
	（この欄に申立て1件あたり収入印紙1,200円分を貼ってください。） 　印 　紙 （貼った印紙に押印しないでください。）

収入印紙	円
予納郵便切手	円

○○　家庭裁判所 　　　　御中 令和 ○ 年 ○ 月 ○ 日	申　立　人 （又は法定代理人など） の　記　名　押　印	乙 川　春 子　㊞

添 付 書 類	（審理のために必要な場合は，追加書類の提出をお願いすることがあります。）	準 口頭

	本 籍 （国 籍）	（戸籍の添付が必要とされていない申立ての場合は，記入する必要はありません。） 　　　都 道 　　　府 県	
申 立 人	住　所	〒 ○○○ － ○○○○ ○○県○○市○○町○番○号○○アパート ○号室 　　　　　　　　　　　　　　　　（　　　　　　　方）	
	フリガナ 氏　名	オツカワ　　ハルコ 乙 川　春 子	昭和 ⦅平成⦆ ○ 年 ○ 月 ○ 日生 （　　○○　歳）
相 手 方	本　籍 （国 籍）	（戸籍の添付が必要とされていない申立ての場合は，記入する必要はありません。） 　　　都 道 　　　府 県	
	住　所	〒 ○○○ － ○○○○ ○○県○○市○○町○番○号○○マンション ○○○号 　　　　　　　　　　　　　　　　（　　　　　　　方）	
	フリガナ 氏　名	コウノ　　イチロウ 甲 野　一 郎	昭和 ⦅平成⦆ ○ 年 ○ 月 ○ 日生 （　　○○　歳）

（注）太枠の中だけ記入してください。

別表第二，調停（　/　）

申　　立　　て　　の　　趣　　旨
申立人と相手方との間の離婚後の紛争を調整する調停を求めます。

申　　立　　て　　の　　理　　由
1 申立人と，相手方は，令和○年○月○日に協議離婚しました。
2 現在申立人が住んでいる自宅は，離婚の際，申立人と相手方との共有名義であったものを申立人名義にしたものですが，相手方が，生活が落ち着いたら荷物を取りに来ると約束したため，しばらく相手方の荷物をそのままにしておくことにしました。
3 ところが，相手方は離婚後○年が経過し，生活が落ち着いているにもかかわらず，再三催促しても一向に荷物を引き取りに来ません。捨てることもできずに困っています。
4 相手方との話合いによる解決の見込みがないので，この申立てをします。

別表第二，調停(　／　)

13 離婚訴訟と手続き

◉ 離婚訴訟は家庭裁判所で起こす

　離婚訴訟は家庭裁判所に提起します。離婚訴訟などの人事訴訟については、訴訟に関する身分関係の当事者の住所地を受け持つ家庭裁判所の提起するのが原則です。したがって、離婚訴訟は夫または妻の住所地を受け持つ家庭裁判所に提起します。ただし、離婚訴訟を提起した家庭裁判所と、離婚訴訟の前に家事調停を取り扱った家庭裁判所とが異なる場合には、家事調停を取り扱った家庭裁判所で離婚訴訟が取り扱われることがあります。

　訴訟を提起するときは、訴状（**書式17**）の作成からはじめます。訴状には、当事者（原告・被告）の本籍地と住所、請求の趣旨（内容）、請求の原因とを記載し、収入印紙を貼って裁判所に提出します。訴状の提出がすむと、裁判所はこれを被告に送達し、訴訟の審理が開かれる日（口頭弁論期日）を指定し、原告・被告を呼び出します。通常は、訴訟の提起から約1か月から1か月半後に、第1回の口頭弁論期日が決められて被告に訴状が送られます。被告は、訴状の内容を確認した上で、指定された日までに答弁書を提出します。

　裁判所は、被告からの答弁書の内容を見て、被告に離婚の条件などを確認し、和解手続きを勧告することがあります。訴訟の審理が開始される前に、両者の合意によって離婚をする機会を与えるわけです。和解手続きはおおよそ2〜3週間に1回の期日で指定され、和解成立の可能性があれば話し合いが進められます。これに対し、和解の可能性が低ければ、判決に向けた手続きへと戻されます。判決が言い渡されるのは、訴訟の提起後10か月〜1年先になるのが一般的です。

　離婚訴訟も第三審まで上訴ができます。離婚は認められたが、親権

者や金銭的な問題（養育費など）についての判決の内容に不服がある場合も、敗訴部分については控訴できます。

◉ 本人尋問のための陳述書を作成する

原告・被告の主張と証拠書類の提出に続いて、裁判官が両者に本人尋問を行いますが、裁判官はあらかじめ提出された「陳述書」をもとに尋問を進めていきます。陳述書には「どのようにして結婚し、どのような結婚生活を送り、離婚訴訟の提起までにどのような事情があったのか」といった内容を具体的に書く必要があります。自分で陳述書の原案を作成して弁護士に渡し、スムーズに審理が進むよう相談しながらチェックしてもらうとよいでしょう。なお、離婚訴訟は夫婦間のプライバシーが明らかにされることも多いため、本人尋問などの一部の事項を非公開で行うこともあります。

◉ 離婚届の提出

裁判離婚では、離婚を認める判決が確定したときに離婚が成立しますが、裁判離婚をした場合であっても、役所に離婚届を提出する必要があります。もっとも、調停離婚の場合と同様、報告的な意味合いをもつだけの離婚届になります。通常は、離婚訴訟を提起した側（原告）が離婚届を提出することになっており、判決確定日から10日以内に、判決謄本と判決確定証明書（裁判所で交付される）を届出人の本籍地の市区町村役場などへ提出します。また、原告が何らかの理由で離婚届を提出しないときは、相手方（被告）が離婚届を提出できます。

裁判離婚をすると、その事実が戸籍にも明記されます。旧姓に戻さず、離婚の際の氏を続けて使用することもできますが（婚氏続称）、離婚の際の氏を続けて称するという届出の期限は、判決確定日から3か月以内とされています。

書式17　離婚訴訟の訴状‥‥‥‥‥‥‥‥‥‥‥‥‥‥‥‥‥‥‥

訴　　状

訴訟物の価額	円
貼用印紙額	円
予納郵便切手	円
貼用印紙　裏面貼付のとおり	

事件名　離　婚　　請求事件

東　京 家庭裁判所 　　　　御　中 令和 ○ 年 5 月 10 日	原告の記名押印　　加 藤 良 子 ㊞

原 **告**	本　籍	東　京 ㊞道府県 新宿区北新宿○丁目○番
	住　所	〒○○○－△△△△　電話番号 03（×××× ）×××× ﾌｧｸｼﾐﾘ 03（×××× ）×××× 東京都新宿区北新宿○丁目○番○号（　　　　　　方）
	フリガナ 氏　名	カ　トウ　ヨシ　コ 加 藤 良 子
	送達場所 等の届出	原告に対する書類の送達は，次の場所に宛てて行ってください。 □　上記住所 □　勤務先（勤務先の名称　　　　　　　　　　　　　　　　　　　） 　　〒　　－　　　　電話番号　（　　　　） 　　住　所 ☑　その他の場所（原告又は送達受取人との関係　　**実　家**　　） 　　〒○○○－○○○○ 電話番号　03（ ×××× ）×××× 　　住　所 　　東京都渋谷区宇田川町○丁目○番○号 □　原告に対する書類の送達は，上記の届出場所へ，次の人に宛てて行ってください。 　　氏　名　　　　　　　　　（原告との関係　　　　　　　　　）
被 **告**	本　籍	原告と同じ
	住　所	〒○○○－○○○○ 電話番号 03（×××× ）×××× ﾌｧｸｼﾐﾘ 03（×××× ）×××× 東京都新宿区北新宿○丁目○番○号　（　　　　　　方）
	フリガナ 氏　名	カ　トウ　ユキ　オ 加 藤 幸 男
添　付　書　類		☑ 戸籍謄本（甲第　　号証）　　　☑ 年金分割のための情報通知書（甲第　　号証） ☑ 甲第 1 号証 ～ 第 3 号証　□ 証拠説明書　□ 調停が終了したことの証明書 □ 証拠申出書 □
夫婦関係の形成又は存否の確認を目的とする係属中の事件の表示		裁判所　　　　　／ 令和　　年（　　　）第　　　　号 事件名　　　　　事件 ／ 原告　　　　　　被告

（注）　太枠の中だけ記入してください。　□の部分は，該当するものにチェックしてください。

離婚（ 1 ページ ）

請　求　及　び　申　立　て　の　趣　旨

原告と被告とを離婚する。
（親権者の指定）
☑　原告と被告間の　長男　太郎　(☑平成〇〇年 5 月 5 日生)，次男　吾郎　(☑平成〇〇年11月11日生)，
　　　　　　　　　(☑平成　　年　月　　日生)　　　　　　　　　の親権者を☑原告 □被告と定める。
□

（慰謝料）
☑　被告は，原告に対し，次の金員を支払え。
　　☑　金　〇〇〇万　円
　　☑　上記金員に対する　離婚判決確定の日の翌日　から支払済みまで年　3　分の割合による金員
（財産分与）
☑　被告は，原告に対し，次の金員を支払え。
　　☑　金　〇〇〇万　円
　　☑　上記金員に対する離婚判決確定の日の翌日から支払済みまで年　3　分の割合による金員
□
□

（養育費）
☑　被告は，原告に対し，　令和〇年〇月　から　長男　太郎　，次男　吾郎
　　が　満〇〇歳に達する月　まで，毎月　末　日限り，子一人につき金　〇　万　円ずつ支払え。

（年金分割）
☑　原告と被告との間の別紙　1　（年金分割のための情報通知書）記載の情報に係る年金分割についての
　　請求すべき按分割合を，☑ 0．5 □（　　　　）と定める。
☑
訴訟費用は被告の負担とする。
との判決（☑及び慰謝料につき仮執行宣言）を求める。

請　求　の　原　因　等

1 (1) 原告と被告は，□昭和 ☑平成 □令和　〇〇　年　8　月　8　日に婚姻の届出をしました。
　 (2) 原告と被告間の未成年の子は，□いません。☑次のとおりです。
　　続柄　　　名　　　年齢　　　生年月日
　　長男　　太郎　　　8　歳（☑平成 〇〇年 5 月 5 日生）
　　　　　　　　　　　　　　（□令和）
　　次男　　吾郎　　　6　歳（☑平成 〇〇年 11 月 11 日生）
　　　　　　　　　　　　　　（□令和）
　　　　　　　　　　　　歳（□平成 　年　月　　日生）
　　　　　　　　　　　　　　（□令和）
2 〔調停前置〕
　夫婦関係に関する調停を
　☑しました。
　　　事件番号　東京　家庭裁判所　　　　　　　　　令和 〇 年（家イ）第 〇〇〇 号
　　　結　　果　令和 〇 年 4 月 30 日 ☑不成立 □取下げ □（　　　　　　　　）
　　　理　　由　☑被告が離婚に応じない □その他（　　　　　　　　　　　　　　）
　　　　　　　　□条件が合わない（　　　　　　　　　　　　　　　　　　　　　　）
　□していません。
　　　理　　由　□被告が所在不明
　　　　　　　　□その他（　　　　　　　　　　　　　　　　　　　　　　　　　　）
3 〔離婚の原因〕
　次の事由があるので，原告は，被告に対して，離婚を求めます。
　　☑　被告の不貞行為　　　　□　被告の悪意の遺棄　　　　□　被告の生死が3年以上不明
　　□　被告が強度の精神病で回復の見込みがない　　☑　その他婚姻を継続し難い重大な事由
　その具体的な内容は次のとおりです。

（注）　太枠の中だけ記入してください。　□の部分は，該当するものにチェックしてください。
　　　　　　　　　　　　　　　　離婚（ 2 ページ）

（1）不貞行為について

　　被告は令和〇年春頃から、職場の同僚である田中恭子（以下「田中」）と親しくなり、外泊がちになりました。

（2）婚姻を継続し難い重大な事由について

　　被告は、昨年の秋から田中と同棲しており、原告が子どものためにもやり直そうと被告に訴えても、一向に聞いてくれません。

　　以上のような事情で、これ以上婚姻を継続することは困難と考えます。

4〔子の親権者について〕

　　被告は仕事で帰宅も遅く愛人である田中との生活におぼれているので、2人の子供を養育できる状態にありません。原告の実家が原告と2人の子供を引き取ることを申し出ています。

　　したがって、長男太郎と次男吾郎の親権者は、原告の方が適しています。

5〔慰謝料について〕

　　原告は家事と育児に一生懸命努力してきましたが、被告の不貞行為によって崩壊し、離婚せざるをえなくなったため、精神的苦痛を受けました。原告の精神的苦痛に対する慰謝料は、金〇〇〇万円が相当です。

　　したがって、金〇〇〇万円及びこれに対する離婚判決確定の日の翌日から支払済みまで民法所定の年3分の割合による遅延損害金を求めます。

6〔財産分与について〕

　　夫婦の財産は、〇〇銀行〇〇支店の預金〇〇〇万円（甲〇号証）などです。

　　したがって、財産分与として、金〇〇〇万円及びこれに対する離婚判決確定の日の翌日から支払済みまで年3分の割合による遅延損害金を求めます。

7〔養育費について〕

　　原告の収入が月約〇〇万円であるのに対して（甲〇号証）、被告の収入は月約〇〇万円です（甲〇号証）。養育費として、令和〇年〇月から子が満〇〇歳に達する月まで1人につき月〇万円を求めます。

8〔年金分割について〕

　　原告と被告の離婚時年金分割に係る第一号改定者及び第二号改定者の別、対象期間、按分割合の範囲は、列紙1のとおりです。

9〔まとめ〕

　　よって、請求及び申立ての趣旨記載の判決を求めます。

第3章

親子関係の法律問題と書式

① 親子関係

● 嫡出子と非嫡出子の関係

　親子関係は、人間関係の中で最も密接なものであるばかりではなく、社会を構成する人間集団の中で最も中核になる関係です。親子関係には、血のつながりのある実親子と、血のつながりはないが、親子関係が擬制（法律上そのようにみなすこと）される養親子に分かれます。

　親との間に血縁関係があると法律上認められる実子は、嫡出子と非嫡出子（嫡出でない子）に分かれます。嫡出子は、婚姻関係にある男女の間に生まれた子（婚姻子）で、それ以外の子を非嫡出子（婚外子）といいます。婚姻制度を維持するため、法律の手続を踏んで婚姻している男女の結びつきを正当と認め、それ以外の男女の結びつきから生まれた子と区別するものです。なお、養親と養子の関係になった場合における養子は嫡出子として取り扱われます。

　以前は、嫡出子と非嫡出子では相続分、つまり相続財産を受け継ぐことができる権利の取扱いが異なっていましたが、そうした取扱いは憲法に違反するという判決が最高裁判所で示されたことにより、現在では、嫡出子も非嫡出子も自分の親が死んだ場合、同じ割合で相続分を持つことになりました。

● 認知について

　非嫡出子は、分娩により母との親子関係は生じますが、そのままでは父親のない子です。非嫡出子が父親との間に親子関係をもつには認知が必要です。認知により父子関係が生じますが、注意しなければならないのは、認知の効果が出生時にさかのぼって生じることです。有効な認知届が提出されると、認知をした時点からではなく、その子が

生まれた時点から父子関係が存在していたと扱われます。

　認知には、父親が自らの意思でする任意認知と、裁判（認知の訴え）によって確定される裁判上の認知（強制認知）があります。

　任意認知については、胎児である子どもを認知する場合は、その母親の承諾が必要です。また、成人の子どもを認知する場合は、その子自身の承諾が必要です。これらの場合は、父親の意思だけで認知をして親子関係を発生させることはできないといえます。

　裁判上の認知は、父親が任意認知をしないときに利用しますが、認知は特殊調停事件であるため、認知の訴えを提起する前に認知調停を家庭裁判所に申し立てることが必要です（調停前置主義）。実際には、子どもの母親などが代理人として申立てを行います（**書式1**）。

　また、嫡出推定が及ぶ夫・元夫によるDVなどが原因で子どもが無戸籍状態にある場合において、妻が夫・元夫の子どもを妊娠する可能性がないことが客観的に明白であるときは、夫・元夫を子どもの父としない戸籍の記載を求めるため、子どもの実父を相手方として認知調停を申し立てることもできます（**書式2**）。

　なお、①先に父親が子どもを認知した後、その子の母親と結婚した場合や、②先に子どもの母親と父親が婚姻しており、後からその子を認知した場合、その子は嫡出子になります。これを準正といい、認知先行の①の場合が婚姻準正、婚姻先行の②の場合が認知準正です。

■ **親子関係** ・・

実親 ──────── 実子 ｛ 嫡出子 / 非嫡出子

養親 ──────── 養子 ＝ 嫡出子と同じ地位

書式1　認知の調停申立書（任意認知に応じない場合）…

この申立書の写しは, 法律の定めるところにより, 申立ての内容を知らせるため, 相手方に送付されます。

受付印	家事 ☑ 調停 □ 審判　申立書　事件名（　　認知　　）
	（この欄に申立て1件あたり収入印紙1,200円分を貼ってください。）
収入印紙　　　　円	
予納郵便切手　　円	（貼った印紙に押印しないでください。）

○○　　家庭裁判所 　　　　　　　　御中 令和 ○ 年 ○ 月 ○ 日	申　立　人 （又は法定代理人など） の 記 名 押 印	申立人法定代理人親権者母 　乙 川 春 子　　　㊞

添付書類	（審理のために必要な場合は, 追加書類の提出をお願いすることがあります。）	準口頭

申 立 人	本　籍 （国　籍）	（戸籍の添付が必要とされていない申立ての場合は, 記入する必要はありません。） ○○ 都道府県 ○○市○○町○番地
	住　所	〒○○○ – ○○○○ ○○県○○市○○町○番○号○○マンション○○○号 （　　　　　　方）
	フリガナ 氏　名	オツカワ　タロウ 乙 川 太 郎	大正 昭和 平成 令和 ○年 ○月 ○日生（　○　歳）
相 手 方	本　籍 （国　籍）	（戸籍の添付が必要とされていない申立ての場合は, 記入する必要はありません。） ○○ 都道府県 ○○市○○町○番地
	住　所	〒○○○ – ○○○○ ○○県○○市○○町○○番○○号 （　　　　　　方）
	フリガナ 氏　名	コウノ　イチロウ 甲 野 一 郎	大正 昭和 平成 令和 ○年 ○月 ○日生（　○　歳）

（注）　太枠の中だけ記入してください。

この申立書の写しは，法律の定めるところにより，申立ての内容を知らせるため，相手方に送付されます。

申　立　て　の　趣　旨
申立人が相手方の子であることを認知するとの調停・審判を求めます。

申　立　て　の　理　由
1　申立人の母は，平成○○年○○月ころ相手方と知り合い、
令和○○年○月○日に相手方との間の子である申立人を出産しました。
2　相手方は、申立人を妊娠した当時は出生後に認知すると言っていた
のですが、出産後に態度を一変させ、認知を拒むようになりました。
3　現在、相手方は話し合いにも応じない状態ですので、この申立てを
します。

書式2　認知の調停申立書（夫・元夫を子の父としない戸籍の記載を求める場合）

この申立書の写しは，法律の定めにより，申立ての内容を知らせるため，相手方に送付されます。
この申立書とともに相手方送付用のコピーを提出してください。

	〈無戸籍の方用〉 □ 親子関係不存在確認 ☑ 認知　　　　　　　　調停申立書
	（この欄に収入印紙１，２００円分を貼ってください。） 印 紙 （貼った印紙に押印しないでください。） （貼った印紙に押印しないでください。）
収 入 印 紙　　　　　　円 予納郵便切手　　　　　円	

	○○ 家庭裁判所 御 中 令和 ○ 年 ○ 月 ○ 日	申 立 人 （又は法定代理人など） の 記 名 押 印	申立人法定代理人親権者母 乙 川　春 子　　㊞

添付書類	（審理のために必要な場合は，追加書類の提出をお願いすることがあります。） ☑ 申立人の出生証明書写し　　☑ 相手方の戸籍謄本（全部事項証明書） ☑ **申立人母の全部事項証明書** □	準 口 頭

申立人	本 籍 （国 籍）	（ 出生届未了 ）		
	住 所	〒 ○○○ － ○○○○ ○○県○○市○○町○番○号　　　　　（　　　　　　方）		
	フリガナ 氏 名	（乙 川）　太 郎	昭和 平成 ㊡令和㊡	○年○月○日生 （　○　歳）

親権者母　申立人法定代理人	本 籍 （国 籍）	○○　都道 府㊡県㊡　　○○市○○町○番地		
	住 所	☑ 申立人と同居 □ その他（　　　　　　　　　　　　　　　）		
	フリガナ 氏 名	オツカワ　　ハルコ 乙 川　　春 子	昭和 ㊡平成㊡ 令和	○年○月○日生 （　○　歳）

相手方	本 籍 （国 籍）	○○　都道 府㊡県㊡　　○○市○○町○番地		
	住 所	〒 ○○○ － ○○○○ ○○県○○市○○町○番○号　　　　　（　　　　　　方）		
	フリガナ 氏 名	コウノ　　イチロウ 甲 野　　一 郎	㊡昭和㊡ 平成 令和	○年○月○日生 （　○　歳）

（注）太枠の中だけ記入してください。□の部分は，該当するものにチェックしてください。

〈無戸籍の方用〉親子関係不存在確認，認知（1/2）

この申立書の写しは，法律の定めにより，申立ての内容を知らせるため，相手方に送付されます。
この申立書とともに相手方送付用のコピーを提出してください。

(注) □の部分は，該当するものにチェックしてください。

申 立 て の 趣 旨

申立人は相手方に対し，次のとおり調停・審判を求めます。

- □ 申立人と相手方との間に親子関係が存在しないことを確認する。
- ☑ 申立人が相手方の子であることを認知する。

申 立 て の 理 由

当 事 者 の 関 係

申立人（子）の母と　□夫 / ☑元夫　との関係

婚姻年月日
（ **平成**○ 年 ○ 月 ○ 日届出）
- □ 現在も婚姻中
- ☑ 離婚した（ **令和**○ 年 ○ 月 ○ 日届出）

□親子関係不存在確認の場合

1　申立人（子）の母と相手方は，............年.......月.......日ころから別居し，以後肉体関係はない。
2　申立人（子）は，母と........................との間の子であり，相手方の子ではない。
3　（その他の実情）

☑認知の場合　(☆)

1　申立人（子）の母と　□夫 / ☑元夫　は， **令和**○ 年 ○ 月 ○ 日ころから別居し，以後肉体関係はない。
2　申立人（子）は，母と相手方との間の子であり，母の　□夫 / ☑元夫　の子ではない。
3　（その他の実情）

参 考 事 項

1　当事者間の合意　☑できている。 / □できていない。
2　（その他の参考事項）

☆ 認知調停の申立ての場合，事実認定等の審理のため必要があるときは，子の母の夫又は元夫に本件手続への関与を求める場合があります。

〈無戸籍の方用〉親子関係不存在確認，認知(2/2)

② 養子縁組

● 養子とは

　自然的な血縁関係から生まれた子のことを実子といいます。これに対し、養子とは、血縁関係のない者同士が、養子縁組という法律上の手続きにより親子関係を結んだ場合の子のことをいい、この場合における親のことを養親といいます。養子と養親は養子縁組の届出をすることで養親子関係が生まれ、養子には養親の嫡出子（法律上の婚姻関係ある父母の子）としての身分が与えられます。したがって、養子には養親の相続権が嫡出子（112ページ）と同様に認められます。また、養子は養親と同じ姓を名乗る他、養子が未成年のときは養親の親権（121ページ）に服します。

　養子縁組には、当事者の合意で成立する普通養子縁組と、家庭裁判所の審判により成立する特別養子縁組の2種類があります。特別養子縁組は、子の成長や養育に重点を置いた養子縁組であるため、養親は配偶者のある者であることを要し（夫婦共同で縁組をする）、養子の年齢は原則として15歳未満であることを要します。

● 普通養子縁組が成立するためには

　普通養子縁組では、当事者同士が合意していること（縁組の意思の合致）が必要です。合意がなければ普通養子縁組は無効です。

　養親となる者は20歳以上でなければなりません。配偶者のいる養親が未成年者を養子とする場合は、原則として夫婦が共同で行うことが必要です。配偶者のいる養親が成年者を養子とする場合は、単独で縁組をすることができますが、原則として配偶者の同意を得なければなりません。養子に配偶者がいる場合も、単独で縁組をすることができ

ますが、原則として配偶者の同意を得なければなりません。

　自分の尊属や年長者を養子にはできません。ただ、1日でも年下であれば年長者とはならず、養子にすることができます。また、未成年者を養子にする場合は、自己または配偶者の直系卑属を養子とする場合を除き、家庭裁判所の許可が必要です。さらに、15歳未満の者を養子にする場合は、養子となる者に代わって、その法定代理人（主に親権者）が縁組の承諾を行います。

　そして、未成年者を養子にする場合で、家庭裁判所の許可を要するときは、養子縁組許可の申立てをします。申立書（**書式3**）には、養子となる者の本籍・住所・氏名、縁組を希望する事情、養父・養母の状況などを記載します。その他、養子となる者の実父・実母についても記載します。

● 普通養子縁組の届出

　普通養子縁組を行う際には、法律で定められた手続きを経る必要があります。

①　届出が必要

　普通養子縁組は、届出を行うことで効力が生じます。合意をしただけで届出をしていなければ、普通養子縁組は成立しません。

②　当事者と証人

　届出を行う際には2人以上の証人が必要です。届出は原則として当

■ 実子と養子

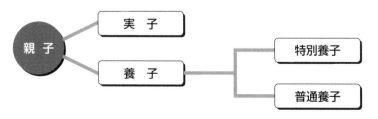

事者である養親と養子が行います。証人は20歳以上の者であることが必要です。それ以外の条件はないため、友人でも親族でも証人になることが可能です。

③　届出を行う場所

　届出を行う場所は、養親の本籍地か所在地、あるいは養子の本籍地か所在地になります。

④　届出の方法

　届出は市区町村役場に書面を提出することで行います。普通養子縁組の届出書には、普通養子縁組の届出であること、届出年月日、養親と養子の氏名・生年月日などを記載します。届出書が役場に提出されると、市区町村長は届出が適法かどうかを審査します。たとえば、届出書の記載や添付書類に不備がある場合には、その届出書は受理されません。審査の結果、適法な届出書であることが判明すれば、その届出書は受理されます。

⑤　添付書類

　届出書に添付することが必要な書類もあります。未成年者を養子にするために家庭裁判所の許可が必要な場合は、家庭裁判所の許可の審判書の謄本を添付します。その他、後見人が被後見人を養子とする場合も、家庭裁判所の許可の審判の謄本を添付する必要があります。

● 普通養子縁組が成立するとどうなる

　普通養子縁組が成立すると、法律関係も大きな影響を受けます。

① 養子と養親との関係

　普通養子縁組が成立すると、養子は養親の嫡出子になります。嫡出子になることで、養子は養親を相続する権利を取得します。相続分は実子と同じになります。

　たとえば、配偶者がいないAに実子のBとCがいて、AがDを養子にしたとします。このとき、Aが死亡すると、Aの財産はB・C・D

がそれぞれ3分の1ずつを相続します。

　また、養子と養親は互いに扶養義務を負います。さらに、養子が未成年者である間、養子は養親の親権に服します。

　もっとも、縁組前に生まれていた養子の子と養親とは、何の関係も生じません。たとえば、Eを養親、Fを養子とする普通養子縁組が行われ、Fには以前から子のGがいた場合、EとFが普通養子縁組をするだけでは、GはEの孫にはなりません。しかし、縁組後に養子が生んだ子は養親の孫になります。たとえば、FがEとの普通養子縁組をした後にHを生んだ場合、HはEの孫になります。

② 養子と実親との関係

　養子と実親（実父・実母）との関係は、親権を除いて普通養子縁組を行う前の状態が残ります。たとえば、普通養子縁組の成立後も養子の実親に対する相続権が残るため、実親が死亡した場合、養子は実親の財産を相続できます。つまり、養子は養親の財産と実親の財産の両方を相続できます。また、養子は養親と実親の両方を扶養する義務があります。一方、養親と実親は養子を扶養する義務があります。

③ 養子の姓

　原則として、養子は養親の氏（苗字）を名乗ります。ただし、養子となった者が結婚しており、結婚によって氏を変更していた場合は、その養子が養親の氏に変える必要はありません。

■ 普通養子縁組の手続きの流れ ……………………………………

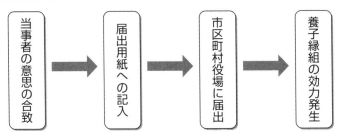

当事者の意思の合致　→　届出用紙への記入　→　市区町村役場に届出　→　養子縁組の効力発生

たとえば、佐藤さんが養親、鈴木花子さんが養子として普通養子縁組が行われた場合、原則として鈴木花子さんは「佐藤」の氏を名乗ります。しかし、田中さんと鈴木花子さんが結婚して鈴木花子さんの氏が「田中」に変わった後に、花子さんが佐藤さんと普通養子縁組をした場合、花子さんの氏は「田中」のままです。

④　養子の子の姓

　養子となる者に子がいる場合、養子の氏が変わっても養子の子の氏は原則として変わりません。たとえば、伊藤春子さんと伊藤夏子さんの母娘のうち、母の春子さんが阿部さんの養子になった場合、春子さんの氏は「阿部」に変わりますが、娘の夏子さんの氏は「伊藤」のままです。もっとも、夏子さんは、家庭裁判所の許可を得ることで、氏を「阿部」に変更することができます。

● 離縁について

　養子縁組の関係を将来に向かって解消することを離縁といいます。離縁には、当事者の合意による協議離縁、裁判所が関与する裁判上の離縁（調停離縁、審判離縁、裁判離縁）の他、当事者の一方が死亡した場合に裁判所の許可を得て行う離縁（死後離縁）があります。

　普通養子縁組の場合、裁判上の離縁が認められるには、①縁組後に当事者の一方から悪意で遺棄されたこと、②当事者の一方が３年以上も生死不明であること、③その他縁組を続けられない重大な理由があること、のいずれかに該当することが必要です。

　養親子間の合意が成立する余地がある場合は、離縁調停の申立てを行い、調停で話をまとめることになります。申立書（**書式４**）には、普通養子縁組した年月日や、養親子関係の解消を求める事情を記載します。離縁が成立すると、養子は縁組前の姓に戻ります。ただ、縁組から７年経った後に離縁した場合は、離縁の日から３か月以内に届出をすれば、離縁前の氏をそのまま名乗ることができます。また、離縁

により養親を相続する権利がなくなります。

　なお、縁組後に片方の当事者が死亡した場合は、家庭裁判所に死後離縁の審判を求めることができます。申立書（**書式5**）には、一方当事者が死亡したことと、離縁を求める事情を記載します。

● 特別養子縁組とは

　特別養子縁組は、養親と養子との間に実親子と同様の安定した親子関係を成立させようとする制度です（130ページ）。子どもを実子同然に育てることができる点で、子の養育に重点を置いた制度です。特別養子縁組が認められるには、養子となる者が原則15歳未満でなければならず、養親は夫婦であることを要し（単身者は不可）、養親となる夫婦の一方が原則25歳以上でなければなりません。

■ 離縁の方法 ···

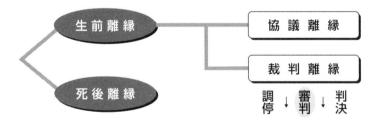

書式３　養子縁組許可申立書 ‥‥‥‥‥‥‥‥‥‥‥‥‥‥‥

この用紙は必ず普通紙にコピーして使用してください。

受付印	養 子 縁 組 許 可 申 立 書
	（この欄に収入印紙８００円分を貼ってください。）
収 入 印 紙　　　　円	
予納郵便切手　　　　円	（貼った印紙に押印しないでください。）

準口頭		関連事件番号　平成・令和　　　　年（家　　）第　　　　　号

東　京　家庭裁判所 　　　　　　　　　　御中 令和 ○ 年 ○ 月 ○ 日	申　立　人 （養親となる者） の　署　名　押　印 又 は 記 名 押 印	○　○　○　○ ○　○　○　○

添 付 書 類	申立人の戸籍謄本　　１　通　　　未成年者の戸籍謄本　　１　通

申 立 人	本　　籍	東　京 ㊙道府県 板橋区○○町○丁目○番地
	住　　所	〒000-0000　　　　　　　　　　　　電話　xx（xxxx）xxxx 東京都板橋区○○町○丁目○番　　　　　　　　　　（　　　　方）
	フ リ ガ ナ 氏　　　名 （養父となる者）	○　○　○　○　　　　　　　㊙昭和平成 ○ 年 ○月 ○ 日生 令和
	フ リ ガ ナ 氏　　　名 （養父となる者）	○　○　○　○　　　　　　　㊙昭和平成 ○ 年 ○月 ○ 日生 令和
未 成 年 者	本　　籍	東　京 ㊙道府県 町田市○○町○丁目○番地
	住　　所	〒　－　　　　　　　　　　　　電話　（　　　） 申立人らの住所地と同じ　　　　　　　　　　（　　　　方）
	フ リ ガ ナ 氏　　　名 （養子となる者）	○　○　○　○　　　　　　　㊙平成 ○ 年 ○月 ○ 日生 令和
	職　　業 又　は 在　校　名	○○小学校
	養親となる 者との関係	※ 養父の…1　おいめい　2　弟妹　3　そのほかの親族　4　被後見人　5　その他（　　） 養母の…①　おいめい　2　弟妹　3　そのほかの親族　4　被後見人　5　その他（　　）

(注) 太枠の中だけ記入してください。※の部分は、当てはまる番号を○で囲み、5を選んだ場合には、
（　　）内に具体的に記入してください。
　　　　　　　　　　　　　　　一般（1/2）

124

申　立　て　の　趣　旨

申 立 人 が 未 成 年 者 を 養 子 と す る こ と の 許 可 を 求 め る。

申　立　て　の　理　由

縁組をしようとする事情	1. 申立人夫婦は、結婚して足掛け10年になりますが実子に恵まれず、2年前から、申立人のうち養母となる者の兄の末っ子である未成年者を引き取って同居しています。 2. 未成年者の実父母は6人の子宝に恵まれたものの、手掛けていた事業が失敗し、生活が苦しいこともあり、幼児のころからなついていた未成年者を申立人夫婦に養子縁組することを承諾しております。ついては、申立ての趣旨のとおり審判を求めます。

申立人の状況	婚　姻　の　日 ……………………　　　○ 年 ○ 月 ○ 日 未成年者と同居をはじめた日 ……… 平成・(令和)　○ 年 ○ 月 ○ 日

	養父となる者について	養母となる者について
	子の有無　男 ○ 人・女 ○ 人 職　　業 勤務先名　　○○物産株式会社 収　　入　月収　約　　○○万　円	子の有無　男 ○ 人・女 ○ 人 職　　業 勤務先名 収　　入　月収　約　　　　　　円

備　考	(特に考慮してほしい事項などを記入してください。)

※ 未成年者の法定代理人　① 親権者　2 後見人	親権者でない父母	住　所	〒 ○○○ － ○○○○　　　　　電話　××(××××)×××× 東京都町田市○○町○丁目○番　　　(　　　方)
		フリガナ 氏　名	○ ○ ○ ○　　職業　自営業（飲食店）
		住　所	〒 ○○○ － ○○○○　　　　　電話　××(××××)×××× 東京都町田市○○町○丁目○番　　　(　　　方)
		フリガナ 氏　名	○ ○ ○ ○　　職業　自営業（飲食店）
		住　所	〒 －　　　　　　　電話　(　　　) (　　　方)
		フリガナ 氏　名	職業

(注)　太枠の中だけ記入してください。　※の部分は、当てはまる番号を○で囲んでください。

養子 (2/2)

書式4　離縁の調停申立書 ……………………………………………

<table>
<tr><td rowspan="3">受付印</td><td colspan="2">☑ 調停</td></tr>
<tr><td>家事</td><td>申立書　事件名（離縁）</td></tr>
<tr><td colspan="2">☐ 審判</td></tr>
</table>

（この欄に申立て1件あたり収入印紙1，200円分を貼ってください。）

印
紙

（貼った印紙に押印しないでください。）

| 収入印紙 | 円 |
| 予納郵便切手 | 円 |

| ○○ 家庭裁判所 | 申　立　人 （又は法定代理人など） の 記 名 押 印 | 乙 川 春 子 ㊞ |
| 令和 ○ 年 ○ 月 ○ 日 御 中 | | |

| 添付書類 | （審理のために必要な場合は，追加書類の提出をお願いすることがあります。） | 準 口 頭 |

申立人

本　籍 （国　籍）	（戸籍の添付が必要とされていない申立ての場合は，記入する必要はありません。） ○○ 都道府県 ○○市○○町○番地
住　所	〒 ○○○ － ○○○○ ○○県○○市○○町○番○号　○○アパート○号 （　　　　　方）
フリガナ 氏　名	オツカワ　　ハルコ 乙 川　春 子	昭和 平成 ○ 年 ○ 月 ○ 日生 （　○　歳）

相手方

本　籍 （国　籍）	（戸籍の添付が必要とされていない申立ての場合は，記入する必要はありません。） ○○ 都道府県 ○○市○○町○番地
住　所	〒 ○○○ － ○○○○ ○○県○○市○○町○番○号　○○マンション○○○号室 （　　　　　方）
フリガナ 氏　名	オツカワ　　イチロウ 乙 川　一 郎	昭和 平成 ○ 年 ○ 月 ○ 日生 （　○　歳）

（注）太枠の中だけ記入してください。

別表第二，調停（　/　）

申　　立　　て　　の　　趣　　旨
申立人と相手方は離縁するとの調停を求めます。

申　　立　　て　　の　　理　　由
1　申立人と相手方は，平成○年○月○日に養子縁組届出をしました。
2　相手方は，申立人の養子となって，申立人の現住所に一緒に住んでいましたが，令和○年○月ころに，○○○○について口論となって以来，些細なことでも意見が対立し，令和○年○月には，家を出て行ってしまいました。
3　申立人は，相手方に養子縁組の解消を申し入れましたが，相手方は応じませんので，この申立てをします。

別表第二，調停(　/　)

書式5　死後離縁許可の審判申立書 ‥‥‥‥‥‥‥‥

受付印	□ 調停 家事　　　　　申立書　事件名（死後離縁許可） ☑ 審判

	（この欄に申立て1件あたり収入印紙1,200円分を貼ってください。） 印 紙 （貼った印紙に押印しないでください。）
収入印紙　　　　　円	
予納郵便切手　　　円	

○○　家庭裁判所 　　　　　　　　　御中 令和○　年○月○　日	申　立　人 （又は法定代理人など） の　記名押印	甲野 一郎　㊞

添付書類	（審理のために必要な場合は，追加書類の提出をお願いすることがあります。）	準 口 頭

申 立 人	本　　籍 （国　籍）	（戸籍の添付が必要とされていない申立ての場合は，記入する必要はありません。） ○○　都道 　　　府県　○○市○○町○丁目○番地	
	住　　所	〒 ○○○ － ○○○○ ○○県○○市○○町○丁目○番○号 （　　　　　　方）	
	フリガナ 氏　　名	コウノ　　　イチロウ 甲野 一郎	昭和 ㊤平成○ 年○月○日生 （　　○　　歳）

相 手 方	本　　籍 （国　籍）	（戸籍の添付が必要とされていない申立ての場合は，記入する必要はありません。） 都　道 府　県	
	住　　所	〒　　　－ （　　　　　　方）	
	フリガナ 氏　　名		昭和 平成　　年　　月　　日生 （　　　　　歳）

（注）太枠の中だけ記入してください。

別表第二，調停(/)

申　　立　　て　　の　　趣　　旨
申立人が、本籍○○県○○市○○町○丁目○番地　養父 亡甲野太郎と 離縁することを許可するとの審判を求めます。

申　　立　　て　　の　　理　　由
1　申立人は、実父母の代諾によって甲野夫妻と養子縁組しましたが、 　出生以来実父母に育てられて成人しました。 2　養父太郎は、令和○年○月○日死亡しました。 3　申立人は、養父との親族関係を解消したいので、申立ての趣旨の 　とおり審判を求めます。

別表第二，調停(　/　)

❸ 特別養子縁組

● なぜ特別養子縁組が認められたのか

　特別養子とは、養親との間に実親子（本当の親子）と同様な関係を形成し、実親との間の親子関係を消滅させる特別養子縁組における養子のことです。普通養子縁組の場合は、養子となっても実親との親子関係が消滅せず、養親子と実親子の二重の親子関係が生じます。したがって、親族関係が複雑になり、相続や扶養をめぐってトラブルが起きる場合があります。とくに幼い子にとって二重の親子関係は、健全な成長の妨げとなるおそれもあります。そこで、養親子を実親子と同じように扱うことが望ましい場合があるとして、「民法」という法律において特別養子縁組の制度が設けられています。

　特別養子縁組をするには、特別養子となる子の年齢が、養親となる者が家庭裁判所に審判を請求する時点で15歳未満であることを要します。ただし、特別養子となる子が15歳になる前から養親となる者に監護されていた場合には、その子が18歳になるまでは、特別養子縁組を成立させることができます。

　養親となる者は結婚（婚姻）しており、夫婦共同で養親となることを要します。結婚していない者は特別養子縁組ができません。また、養親の年齢は25歳以上であることを要しますが、夫婦の一方が25歳以上であれば、他方は20歳以上であれば足ります。さらに、特別養子となる子の実父母の同意を要するのが原則です。ただし、実父母が意思表示を行えない場合や、実父母による虐待、悪意の遺棄（故意に子の養育をしないこと）その他特別養子となる子の利益を著しく害する事由がある場合は、実父母の同意が不要です。

● 特別養子縁組が成立すると嫡出子と同様に扱われる

　特別養子縁組が成立すると、普通養子縁組と同じく、特別養子は養親の嫡出子の身分を取得します。一方、普通養子縁組とは異なり、特別養子と実父母およびその血族との親族関係が終了します。

　特別養子縁組の届出があると、実父母の戸籍を見ても特別養子がどこに行ったのかわからないようにするため、実父母の本籍地に特別養子の単身戸籍（氏は養親の氏）が編成され、特別養子は、この単身戸籍から養親の戸籍に入籍し、単身戸籍は除籍となります。また、特別養子の続柄は「長男」「長女」などと記載され、一見しただけでは特別養子であることがわからない配慮がなされています。

　離縁は原則として許されません。ただし、①養親による虐待、悪意の遺棄その他特別養子の利益を著しく害する事由がある、②実父母によって相当の監護ができる、③特別養子の利益のためとくに必要があると認められる、という3つの要件をすべて満たす場合、家庭裁判所は、特別養子、実父母または検察官の請求によって離縁させることができます。養父母からは離縁の請求ができません。

■ 普通養子縁組と特別養子縁組の違い ……………………………

	普通養子縁組	特別養子縁組
成　立	当事者の合意による届出	家庭裁判所の審判
養親になれる者	20歳以上（独身者でもよい）	原則として25歳以上（配偶者のある者に限る）
養子になれる者	①養親より年長でない者 ②養親の尊属でない者	原則として審判請求時に15歳未満
実父母の同意	15歳未満の養子については法定代理人の承諾が必要	原則として必要
実親との関係	継続する	終了する
試験養育期間	不要	6か月以上
離　縁	原則として自由	例外的に家庭裁判所の審判により認められる

● 特別養子はどんな場合に認められるか

　特別養子縁組の成立に関する審判は、養親となる者の申立てにより、その者の住所地の家庭裁判所で行われます。養親となる者は、夫婦の一方が他の一方の嫡出子と縁組をする場合を除いて、夫婦共同で申立てをしなければなりません。申立書（**書式6**）には、縁組を希望する動機や事情、申立人の状況を詳細に希望します。また、実親子と同様の親子関係を成立させることから、子を養育できるかどうかを判断する必要があります。そこで、養親となる者に特別養子となる子を6か月以上の期間で試験的に養育させる制度があります（事前監護）。家庭裁判所は、事前監護の状況を考慮し、特別養子縁組の成立に関する審判を行います。家庭裁判所が特別養子縁組を成立させる審判の結果を当事者に告知することで、特別養子縁組の効力が生じます。

　特別養子縁組を成立させる審判に対しては、養子となるべき者の父母の他に、養子となる者に対して親権を行う者で父母以外の者、成年に達した父母の後見人が、即時抗告（審判に納得できない場合に裁判所へ不服申立てができる制度）ができるとされています。

● 特別養子縁組は届出が必要

　特別養子縁組を成立させる審判が確定した日から10日以内に、申立人（養父母）は、戸籍法に基づく届出をしなければなりません。正当な理由なく期間内に届出をしない場合には、5万円以下の過料に処せられることがあります。

　なお、届出が期間内に行われないときは、身分関係を公示するという戸籍制度の趣旨が損なわれるため、戸籍事務管掌者（市区町村長）が届出を催告し、再度の催告にも応じないときは、職権で戸籍の記載ができます。特別養子縁組が成立する審判が確定した場合、その事実が養父母の本籍地の戸籍事務管掌者に通知されるので、この職権による記載が可能となっています。

書式6　特別養子縁組申立書 ･････････････････････････

受付印	特　別　養　子　縁　組　申　立　書
	（この欄に収入印紙８００円分を貼ってください。）
収入印紙　　　　　　円	
予納郵便切手　　　　円	（貼った印紙に押印しないでください。）

準口頭		関連事件番号　令和　　年（家　）第　　　　号

東　京　家庭裁判所 御中 令和 ○ 年 ○ 月 ○ 日	申立人ら （養親となる者） の記名押印	田中　太郎　　　　　㊞ 田中　順子　　　　　㊞

```
　　　　　　添　　付　　資　　料
（同じ書類は１通で足ります。審理のために必要な場合は，追加書類の提出をお願いすることがあります。）
□ 申立人ら（養親となる者）の戸籍謄本（全部事項証明書）
□
※児童相談所長が特別養子適格の確認の申立てを行っている場合は，以下の資料も提出してください。
□ 養子となる者の戸籍謄本（全部事項証明書）
□ 養子となる者の実父母の戸籍謄本（全部事項証明書）
□ 児童相談所長の申立てによる特別養子適格の確認の審判の確定証明書（既に確定している場合）
```

```
　　　特別養子適格の確認の審判事件の申立状況
1　申立人らが同時申立て
2　児童相談所長が申立て（事件の表示及び事件の進行状況も記載してください。）
　　事件の表示・　　　　家庭裁判所　　　支部・出張所 令和　年（家）第　　　号
　　上記事件の進行状況：1 係属中 2 確　定（令和　　年　　月　　日確定）
```

```
　　　当　　事　　者　　及　　び　　関　　係　　者
別紙「当事者及び関係者目録」記載のとおり
```

```
　　　　申　　立　　て　　の　　趣　　旨
養子となる者を申立人らの特別養子とするとの審判を求める。
```

```
　　　　申　　立　　て　　の　　理　　由
　　　　（申　立　て　の　動　機　・　事　情　等）
別紙「申立ての理由」記載のとおり
```

```
　　　　申　立　人　ら　の　生　活　状　況　等
別紙「申立人らの生活状況等」記載のとおり
```

（注）　太枠の中だけ記入してください。

（1）

(別　紙)

当事者及び関係者目録

申立人ら	住　所	〒　153 - 0044　　　　　　　　電話　03（○○○○）○○○○ 東京都目黒区大橋○丁目○番○号　○○マンション○号室（　　　　　方）	
	フリガナ 氏　　名 （養父となる者）	タ　ナカ　タ　ロウ **田 中 太 郎**	昭和 (平成)○年○月○日生（　　　歳）
	フリガナ 氏　　名 （養母となる者）	タ　ナカ　ジュン　コ **田 中 順 子**	昭和 (平成)○年○月○日生（　　　歳）
養子となる者	住　所	〒　○○○ - ○○○○　　　　　　　電話　○○○（○○○○）○○○○ ○○県○○市○○町○丁目○番○号（　　　　　方）	
	フリガナ 氏　　名	キ　ムラ　トモ　ミ **木 村 友 美**	平成 (令和)○年○月○日生（　　　歳）
養子となる者の父 （実父）	住　所	〒　○○○ - ○○○○　　　　　　　電話　○○○（○○○○）○○○○ 不詳（最後の住所） ○○県○○市○○町○丁目○番○号（　　　　　方）	
	フリガナ 氏　　名	サ　トウ　サブ　ロウ **佐 藤 三 郎**	昭和 (平成)○年○月○日生（　　　歳）
養子となる者の母 （実母）	住　所	〒　○○○ - ○○○○　　　　　　　電話　○○○（○○○○）○○○○ ○○県○○市○○町○丁目○番○号（　　　　　方）	
	フリガナ 氏　　名	キ　ムラ　ヨシ　エ **木 村 良 江**	昭和 (平成)○年○月○日生（　　　歳）
※1（　　）	住　所	〒　　　 -　　　　　　　　　　　電話　　（　　　）（　　　　　方）	
	フリガナ 氏　　名		昭和 平成　　年　　月　　日生（　　　歳）
※1（　　）	住　所	〒　　　 -　　　　　　　　　　　電話　　（　　　）（　　　　　方）	
	フリガナ 氏　　名		昭和 平成　　年　　月　　日生（　　　歳）
※2 縁組のあっせんを受けた機関等	住　所 （所在地）	〒　　　 -　　　　　　　　　　　電話　　（　　　）	
	フリガナ 氏　　名 （名　称）		

※1　養子となる者に実父母のほかに養父母がある場合には，それぞれについて，養子となる者に未成年後見人，父母以外で親権を行う者（父母が未成年であるときのその父母又は未成年後見人，審判前の保全処分によって選任された親権者又は未成年後見人の職務代行者，児童福祉法第４７条第１項又は第２項の児童福祉施設の長等）又は監護者がある場合には，これらの者について，かっこ内に養子となる者との関係を特定した上，所要事項を記入してください。

※2　児童相談所又は養子縁組をあっせんする事業を行う者からあっせんを受けた場合に記入してください。
　　なお，審判の結果は，当該機関等にも通知されます。

（２）

134

（別　紙）

<table>
<tr><td>※3</td><td colspan="2" align="center">申立ての理由</td></tr>
</table>

１．申立人両名は平成○年に結婚しましたが、実子に恵まれず、検査の結果でもその見込みはうすいとのことでした。

２．令和○年○月　○○児童相談所に里親登録をしました。

３．事件本人友美の出生当時、その両親は既に離婚しており、実母は若年で生活力に乏しく、実父も行方不明となり、事件本人は乳児院に収容されました。

４．申立人両名は、事件本人を里子としていますが、同人は健康であり、成長発育に何ら問題はなく、申立人らになつき、家族の一員として十分親和しています。

※3　申立ての理由には、申立ての動機、経緯のほかに、ア　申立ての時点において、養子となる者の年齢が15歳に達している場合は、15歳に達するまでに申立てをすることができなかったことについてのやむを得ない事由、イ　未成年後見人、父母以外で親権を行う者の意向等を記入してください。なお、この申立書は、利害関係人が閲覧や謄写をする可能性がありますので、その点にご留意のうえ、簡潔に記載してください。

親子関係を争う場合とは

● 妻の不貞でできた子も夫の子になるのか

　夫が子との親子関係を争うケースのうち、その1つは、夫にも妻を懐胎させる機会があったが、出生した子は妻の不貞行為によって生まれたと考えられる場合です。この場合、子は婚姻中の夫婦間の子と推定されます（嫡出推定）。令和4年5月現在、父親とされる夫が親子関係を争うには、子の出生を知った時から1年以内に嫡出否認の訴えを提起しなければなりません。申立書（**書式7**）には、相手方となる子の氏名と、法定代理人である母親（妻）の氏名を記載し、相手方が申立人の子ではないとする事情を記載します。上記の期間を経過した場合や、夫が出生後に子を嫡出子であると承認した場合や、嫡出否認の訴えを提起して親子関係を争うことができなくなります。なお、令和4年12月成立の民法改正で、令和6年4月から嫡出否認の訴えの提起期間や提起権者が変わることになります（次ページ表を参照）。

　もう1つは、夫が妻を懐胎させる可能性がなかった場合です。この場合は、嫡出推定が及びませんので、親子関係を争うには親子関係不

■ 親子関係を争う方法 ……………………………………………

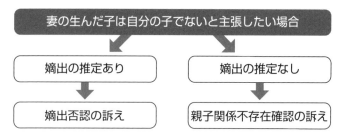

（図の内容）
妻の生んだ子は自分の子でないと主張したい場合
→ 嫡出の推定あり → 嫡出否認の訴え
→ 嫡出の推定なし → 親子関係不存在確認の訴え

存在確認の訴えを提起します。この訴えには、嫡出否認の訴えのような提起期間や提起権者の制限はなく、利害関係のある人ならば誰でも提起できます。出生届をした後、子（子が未成年者である場合は母親）を相手に訴えを提起します。申立書（**書式7**）には、相手方との間に親子関係が生じないと考える事情を記載します。

● 虚偽の出生届で育てた子との関係は

　真実の親子関係が存在しない以上、虚偽の出生届をしても原則として無効です。養子縁組届としての効力も生じません。したがって、虚偽の出生届で育てた子に対して、親子関係不存在確認の訴えを提起すれば、親子関係を否定できます（**書式8**参照）。

　しかし、自ら出生届を出しておきながら後になって親子関係を否定するのは身勝手ですから、他人の子を養子とする意図で虚偽の出生届を出し、長期にわたって実親子としての生活関係を続けていたという特別な事情がある場合は、例外的に出生届を普通養子縁組の届出とみなせるとした裁判例もあります。

■ 嫡出否認の訴えと親子関係不存在確認の訴えの違い …………

	嫡出否認の訴え	親子関係不存在確認の訴え
訴えを起こす場面	嫡出の推定がある場合	嫡出の推定がない場合
訴えを起こせる者 （提起権者）	原則として父のみ[1]	利害関係者
訴えの相手方	子または親権を行う母[2]	当事者である親または子
訴えを起こせる期間 （提起期間）	子の出生を知ってから 1年[3]以内	なし

※1：改正後は「前夫」「子」「母」が提起権者に追加される。
※2：改正後に子および母が提起する場合は「父」が相手方となる。
※3：改正後は「1年」から「3年」へと延長されるが、子および母が提起する場合は
　　　「出生時から3年以内」となる。

書式7　嫡出子否認の調停申立書 ……………………………

この申立書の写しは，法律の定めるところにより，申立ての内容を知らせるため，相手方に送付されます。

受付印	家事	☑ 調停 ☐ 審判	申立書　事件名（　嫡出否認　）
	（この欄に申立て1件あたり収入印紙1,200円分を貼ってください。）		

収 入 印 紙	円
予納郵便切手	円

（貼った印紙に押印しないでください。）

○○　　家庭裁判所 　　　　　　　御中 令和 ○ 年 ○ 月 ○ 日	申　立　人 （又は法定代理人など） の 記 名 押 印	甲野 一郎	㊞

添付書類	（審理のために必要な場合は，追加書類の提出をお願いすることがあります。）	準口頭

申	本　籍 （国　籍）	（戸籍の添付が必要とされていない申立ての場合は，記入する必要はありません。） ○○ 都道 　　 府ⓚ　　○○市○○町○番地
立	住　　所	〒○○○ － ○○○○ ○○県○○市○○町○番○号○○マンション○○○号 （　　　　　　方）
人	フリガナ 氏　名	コウノ　イチロウ 甲野 一郎	大正 昭和 ○ 年 ○ 月 ○ 日生 ⓟ平成 令和　（ ○ 歳）
相	本　籍 （国　籍）	（戸籍の添付が必要とされていない申立ての場合は，記入する必要はありません。） 都道 府県　　　出生届未了
手	住　　所	〒○○○ － ○○○○ ○○県○○市○○町○番○号 （　　　　　　方）
方	フリガナ 氏　名	オツカワ　　タロウ （乙川）太郎	大正 昭和 ○ 年 ○ 月 ○ 日生 平成 ⓚ令和　（ ○ 歳）

（注）　太枠の中だけ記入してください。

この申立書の写しは, 法律の定めるところにより, 申立ての内容を知らせるため, 相手方に送付されます。

申　立　て　の　趣　旨
相手方が、申立人の嫡出であることを否認するとの調停を求めます。

申　立　て　の　理　由

1　申立人は、相手方の母乙川春子と平成○年○月○日に婚姻しましたが、当時共働きであったため、当分の間子をもうけないこととし、避妊方法を講じてきました。

2　令和○年○○月ころ、春子は、突然申立人と離婚したいと言い出しましたので、その理由を問いただしたところ、春子は、勤務先の同僚○○と同年○○月ころから肉体関係を結び、その結果、相手方を妊娠していると告白しました。

3　申立人は、令和○年○月○日に春子と協議離婚しました。その後, 春子は○○と同棲し、令和○年○月○日に相手方を出産しました。

4　申立人は、令和○年○月○日に相手方の出生を知りましたが、以上のように相手方は申立人の子ではないので、申立ての趣旨のとおり調停・審判を求めます。

書式8　親子関係不存在確認の調停申立書（出生届提出後の場合）

この申立書の写しは，法律の定めるところにより，申立ての内容を知らせるため，相手方に送付されます。

受付印		
	家事 ☑ 調停 　　　□ 審判	申立書　事件名（親子関係不存在確認）
	（この欄に申立て1件あたり収入印紙1，200円分を貼ってください。）	
収 入 印 紙　　　円 予納郵便切手　　　円	（貼った印紙に押印しないでください。）	

○○　　家庭裁判所 　　　　　　　　御中 令和 ○ 年 ○ 月 ○ 日	申　立　人 （又は法定代理人など） の記名押印	甲 野 太 郎　　㊞

添付書類	（審理のために必要な場合は，追加書類の提出をお願いすることがあります。） **申立人及び相手方らの全部事項証明書**	準 口 頭

申	本 籍 （国 籍）	（戸籍の添付が必要とされていない申立ての場合は，記入する必要はありません。） ○○ 都道府県 　○○市○○町○番地
立	住 所	〒○○○ － ○○○○ ○○県○○市○○町○番○号 （　　　　　方）
人	フリガナ 氏 名	コウノ　タロウ 甲野 太郎	大正 昭和 平成 令和 ○年○月○日生 （ ○ 歳）
相	本 籍 （国 籍）	（戸籍の添付が必要とされていない申立ての場合は，記入する必要はありません。） ○○ 都道府県 　○○市○○町○番地
手	住 所	〒○○○ － ○○○○ ○○県○○市○○町○番○号 （　　　　　方）
方	フリガナ 氏 名	コウノ　イチロウ 甲野 一郎	大正 昭和 平成 令和 ○年○月○日生 （ ○ 歳）

（注）　太枠の中だけ記入してください。

申　立　て　の　趣　旨

申立人と相手方らとの間に親子関係が存在しないことを確認する
との調停・審判を求めます。

申　立　て　の　理　由

　申立人は、戸籍上、相手方らの長男として記載されていますが、
事実は、乙川一夫乙川春子との間の二男です。相手方甲野花子（別
紙記載）は乙川春子の姉です。

　申立人が出生した当時、実父母である乙川一夫と乙川春子は生
活が苦しく、相手方らには子がいなかったことから、実父母と相
手方らが相談した結果，申立人を相手方らの長男として出生の届
出をしました。

　しかし、申立人としては、真実どおりに戸籍を訂正することを
望んでいます。

　よって、申立人と相手方らとの間の親子関係を否定するため、
この申立てをします。

書式9　親子関係不存在確認の調停申立書（出生届未了の場合）

この申立書の写しは，法律の定めにより，申立ての内容を知らせるため，相手方に送付されます。
この申立書とともに相手方送付用のコピーを提出してください。

	〈無戸籍の方用〉	
	☑ 親子関係不存在確認	
	□ 認知	調停申立書
	（この欄に収入印紙1，200円分を貼ってください。）	
	印 紙	
収入印紙　　　　円		（貼った印紙に押印しないでください。）
予納郵便切手　　　　円		（貼った印紙に押印しないでください。）

○ ○　家庭裁判所　　御中　令和 ○ 年 ○ 月 ○ 日	申 立 人（又は法定代理人など）の 記 名 押 印	申立人法定代理人親権者母　乙 川 春 子　㊞

添付書類	（審理のために必要な場合は，追加書類の提出をお願いすることがあります。）☑ 申立人の出生証明書写し　☑ 相手方の戸籍謄本（全部事項証明書）☑ 申立人母の全部事項証明書　□	準口頭

申立人	本　籍（国　籍）	（ 出生届未了 ）	
	住　所	〒 ○○○ － ○○○○　○○県○○市○○町○番○号	（　　　　方）
	フリガナ氏　名	オツカワ　　タロウ（乙 川）太 郎	昭和平成㊍ ○ 年 ○ 月 ○ 日 生（ ○ 歳）
親権者母 申立人法定代理人	本　籍（国　籍）	○○　都道府㊤　○○市○○町○番地	
	住　所	☑ 申立人と同居　□ その他（　　　　　　　　）	
	フリガナ氏　名	オツカワ　　ハルコ乙 川　春 子	昭和㊥令和 ○ 年 ○ 月 ○ 日 生（ ○ 歳）
相手方	本　籍（国　籍）	○○　都道府㊤　○○市○○町○番地	
	住　所	〒 ○○○ － ○○○○　○○県○○市○○町○番○号	
	フリガナ氏　名	コウノ　　イチロウ甲 野 一 郎	昭和㊥令和 ○ 年 ○ 月 ○ 日 生（ ○ 歳）

（注）太枠の中だけ記入してください。□の部分は，該当するものにチェックしてください。

〈無戸籍の方用〉親子関係不存在確認，認知(1/2)

....

この申立書の写しは，法律の定めにより，申立ての内容を知らせるため，相手方に送付されます。この申立書とともに相手方送付用のコピーを提出してください。

(注) □の部分は，該当するものにチェックしてください。

申 立 て の 趣 旨

申立人は相手方に対し，次のとおり調停・審判を求めます。

☑ 申立人と相手方との間に親子関係が存在しないことを確認する。
□ 申立人が相手方の子であることを認知する。

申 立 て の 理 由
当 事 者 の 関 係

申立人（子）の母と　□夫／☑元夫　との関係

婚姻年月日
（平成○年○月○日届出）
　□　現在も婚姻中
　☑　離婚した（令和○年○月○日届出）

☑親子関係不存在確認の場合

1　申立人（子）の母と相手方は，令和○年○月○日ころから別居し，以後肉体関係はない。
2　申立人（子）は，母と　○○ ○○　との間の子であり，相手方の子ではない。
3　（その他の実情）

□認知の場合　（☆）

1　申立人（子）の母と　□夫／□元夫　は，　　　年　　月　　日ころから別居し，以後肉体関係はない。
2　申立人（子）は，母と相手方との間の子であり，母の　□夫／□元夫　の子ではない。
3　（その他の実情）

参 考 事 項

1　当事者間の合意　☑できている。／□できていない。
2　（その他の参考事項）

☆　認知調停の申立ての場合，事実認定等の審理のため必要があるときは，子の母の夫又は元夫に本件手続への関与を求める場合があります。

〈無戸籍の方用〉親子関係不存在確認，認知(2/2)

⑤ 未成年後見人の選任

● 未成年後見人を選任すべき場合とは

　未成年者の後見は、未成年者（18歳未満）に親権を行う者がいないとき、または親権者が管理権をもっていないときに開始します。具体的には、親権者の死亡、親権の喪失、親権の辞退、管理権の喪失などによって、未成年者に親権を行う者がいない状態になると、未成年者の後見を行う人（未成年後見人）を選任する必要があるのです。未成年後見人は、親権者と同様、後見の対象者である未成年者（未成年被後見人）の身上監護、財産管理について包括的な権限をもちます。未成年後見人の人数は1人でなければなりません。

　未成年後見人は、就任後すぐに未成年被後見人の財産調査を行い、1か月以内に財産目録を調製しなければなりません。また、未成年後見監督人がいれば、その監督を受けます。さらに、家庭裁判所も財産管理その他の事務につき、未成年後見人に相当な指示をしたり、職権で必要な処分を命じたりすることができるとされています。

　未成年後見人には、指定後見人と選定後見人があります。指定後見人は、最後の親権者自身が遺言で指定した場合における未成年後見人です。指定は必ず遺言でしなければなりません。選定後見人は、指定後見人のいないときに、未成年者の親族その他の利害関係人の請求によって家庭裁判所が選任するものです。選任の手続きは親族などからの申立てによって行われます。申立書（**書式10**）には、申立ての原因、動機、未成年者の状況などを記載します。

　なお、あくまでも指定後見人が第1次的な後見人ですから、選定後見人は指定後見人がいないときに限って選任されます。

書式10 未成年後見人選任申立書······························

申立後は，家庭裁判所の許可を得なければ申立てを取り下げることはできません。
※ 太わくの中だけ記載してください。
※ 該当する部分の□にレ点（チェック）を付してください。

受付印

未 成 年 後 見 人 選 任 申 立 書

※ 収入印紙（申立費用）８００円分をここに貼ってください。

【注意】貼った収入印紙に押印・消印はしないでください。

収入印紙	円		準口頭		関連事件番号	年（家　）第	号
予納郵便切手	円						

東 京 家庭裁判所
支部・出張所　御中

令和 ○ 年 ○ 月 ○ 日

申立人又は同手続
代理人の記名押印　　○ ○ ○ ○ 印

申立人	住　所	〒 000 −0000 **東京都渋谷区○○町○丁目○番○号** 電話　××（××××）××××　携帯電話　　（　　　）	
	ふりがな 氏　名	○ ○ ○ ○	□大正 ☑昭和 □平成 □令和 ○ 年 ○ 月 ○ 日 生 （　○　歳）
	未成年者 との関係	□ 本人　□ 直系尊属（父母・祖父母）　　□ 兄弟姉妹 ☑ 父方親族（未成年者との関係：　）　□ 母方親族（未成年者との関係：　　） □ 未成年後見人　□ 未成年後見監督人　　□ 児童相談所長 □ その他（　　　）	
手続代理人	住　所 （事務所等）	〒　　−　　　※法令により裁判上の行為をすることができる代理人又は弁護士を 　　　　　　　記載してください。 電話　　（　　　）　　　ファクシミリ　　（　　　）	
	氏　名		
未成年者	本　籍 （国　籍）	**東 京** ○都 道県 府 県　　　　**品川区○○町○丁目○番地**	
	住民票上 の 住 所	☑ 申立人と同じ 〒　　− 電話　（　　　）	
	実 際 に 住んでいる 場 所	□ 住民票上の住所と同じ 〒　　−　　　　※ 寮や施設の場合には，所在地，名称，連絡先を記載してください。 寮・施設名（　　　　　　　　　　　）　　　電話（　　　　（　　　方）	
	ふりがな 氏　名		☑平成 □令和 ○ 年 ○ 月 ○ 日 生 （　○　歳）
	在校名 又は職業	**○○小学校**	（　○　年生）

1

申 立 て の 趣 旨

未 成 年 後 見 人 の 選 任 を 求 め る 。

申 立 て の 理 由

※ 該当する部分の□にレ点（チェック）を付してください。

申立ての原因	申立ての動機（複数選択可）

申立ての原因

☑ 1 親権者の　　☑ 死亡　□ 所在不明

□ 2 親権者の親権の　　□ 喪失　□ 停止　□ 辞任

□ 3 親権者の管理権の　　□ 喪失　□ 辞任

□ 4 未成年後見人の　　□ 死亡　□ 所在不明
　　　　　　　　　　　□ 辞任　□ 解任　□ 欠格

□ 5 父母の不分明

□ 6 その他（　　　　　　　　　　　　　　　　　）

　　申立ての原因が生じた年月日
　　　平成・令和　　　年　　　月　　　日

申立ての動機（複数選択可）

□ 未成年者の監護教育

□ 入学　□ 就職　□ 就籍

□ 養子縁組・養子離縁

□ 訴訟　☑ 遺産分割　□ 相続放棄

□ 亡親権者の債務の返済

□ 扶養料・退職金・保険金等の請求

□ その他の財産の管理処分（　　　　　　　　　）

□ その他（　　　　　　　　　　　　　　　　　）

※ 上記申立ての原因及び動機について具体的な事情を記載してください。書ききれない場合は別紙★に記載してください。★Ａ４サイズの用紙をご自分で準備してください。

□ **家庭裁判所に一任**　※　以下この欄の記載は不要
□ **申立人**　※　申立人が候補者の場合には，本籍欄のみ記載
□ **申立人以外の**〔 □ **以下に記載の者**　□ **別紙★に記載の者**〕★Ａ４サイズの用紙をご自分で準備してください。

未成年後見人候補者	本籍（国籍）	東京 ⑳都 道 府県　港区○○町○丁目○番地	
	住所	〒　000 － 0000　東京都港区○○町○丁目○番○号　公務員宿舎15号室　　電話　××（××××）××××　携帯電話　（　　　　　）	
	ふりがな	○ ○ ○ ○	☑昭和 □平成
	氏名	○　○　○　○	○ 年 ○ 月 ○ 日 生　（ ○ 歳）
	未成年者との関係	☑ 親　族：□ 直系尊属（父母・祖父母）　□ 兄弟姉妹　　　　　　　　　　□ 父方親族（未成年者との関係：　　　　　）　　　　　　　　　　☑ 母方親族（未成年者との関係：　叔母　）□ 親族外：（関係：　　　　　　　　　　　　　　　）	

2

<table>
<tr><td colspan="2">

手続費用の上申

□　手続費用については，未成年者の負担とすることを希望する。

※　申立手数料，送達・送付費用の全部又は一部について，未成年者の負担とすることが認められる場合があります。

</td></tr>
</table>

添付書類	※　審理のために必要な場合は，追加書類の提出をお願いすることがあります。 ※　**個人番号（マイナンバー）が記載されている書類は提出しないようにご注意ください。** □　未成年者の戸籍謄本（全部事項証明書） □　未成年者の住民票又は戸籍附票 □　未成年後見人候補者の戸籍謄本（全部事項証明書） 　　（未成年後見人候補者が法人の場合には，当該法人の商業登記簿謄本（登記事項証明書）） □　未成年後見人候補者の住民票又は戸籍附票 □　未成年者の財産に関する資料 □　未成年者が相続人となっている遺産分割未了の相続財産に関する資料 □　未成年者の収支に関する資料 □　親権を行う者がないことを証する資料 　　（親権者が死亡した旨の記載がある戸籍謄本（全部事項証明書）等） □（利害関係人からの申立ての場合）利害関係を証する資料 □　未成年後見人候補者が未成年者との間で金銭の貸借等を行っている場合には，その関係書類（未成年後見人候補者事情説明書4項に関する資料）

3

⓺ 成年後見制度

◉ 成年後見制度とは

　成年後見制度とは、精神上の障害が理由で判断能力が不十分な人が経済的な不利益を受けることがないように、支援する人（保護者と呼ばれています）をつける制度です。精神上の障害とは、知的障害や精神障害、認知症などで、身体上の障害は含まれません。

　成年後見制度は、判断能力が不十分な人を保護するだけでなく、その人に残されている能力（残存能力）を活用すること、自己決定権を尊重することを理念としています。そして、障害のある人が、家庭や地域で問題なく生活することができるような社会を作ること（ノーマライゼーション）をめざしています。

　たとえば、認知症のお年寄りが悪徳業者にだまされて、自分には必要のない高価な商品を購入してしまった場合でも、お年寄りが成年後見制度を利用していれば、その契約を取り消すことができます。これは、成年後見制度が本人を保護するものであることのあらわれと言えます。他方、そのお年寄りがスーパーで日用品を買うような場合には、後見人の手を借りたり同意を得なくても、自分で自由に買うことができます。これは、本人の残存能力を活用し、自己決定権を尊重するという成年後見制度のもう一つの側面をあらわしています。

◉ 成年後見制度の種類

　成年後見制度を利用すると、家庭裁判所から選任された保護者（成年後見人・保佐人・補助人）が、判断能力の低下した本人をサポートしていきます。保護者は、本人の身の回りに注意しながら、本人の代わりに、本人のために生活・医療・介護といった福祉に関連した契約

をする、本人の不動産・預貯金などの財産の管理をするなどの支援を行うことができます。また、本人が自分に不利益な契約を締結した場合に、その契約を取り消すことも保護者の仕事に含まれます。

　成年後見制度には、法定後見制度と任意後見制度があります。保護者の仕事の範囲も、利用している成年後見制度の種類によって異なります。ただし、どの成年後見制度を利用していても、本人が日用品の購入といった日常生活上行う契約は、保護者の同意なく本人が自ら行うことができるため、保護者の仕事には含まれません。

● 法定後見制度とは

　法定後見制度の場合は、精神上の障害や認知症などによって判断能力が不十分な人のために、家庭裁判所が選任した保護者が、本人の財産の管理、介護保険などのサービス利用に関する契約の締結など、本人の生活に配慮して保護や支援を行います。法定後見制度は、本人の判断能力の程度に応じて、成年後見・保佐・補助に区別されます。

① 　成年後見

　成年後見は、精神上の障害によって判断能力がない状態が常に続いている人（成年被後見人）を保護します。成年被後見人を支援する保護者は成年後見人と呼ばれます。

② 　保佐

　保佐は、精神上の障害によって判断能力が著しく不十分な人（被保佐人）を保護します。簡単な事項は自ら判断できるが、重要な事項は支援してもらわなければできないといった場合です。被保佐人を支援する保護者は保佐人と呼ばれます。

③ 　補助

　補助は、精神上の障害によって判断能力が不十分な人（被補助人）を保護します。被補助人を支援する保護者は補助人と呼ばれます。被補助人を支援する範囲と手段を柔軟に選べるのが補助の特徴です。

● 任意後見制度とは

　任意後見制度とは、将来自分の判断能力が不十分になったときに備えて、受けたい支援の内容と支援をしてくれる人（任意後見受任者）を決めて、あらかじめ公正証書（39ページ）による契約を締結しておく制度です。支援の内容は、不動産・預貯金などの財産の管理や、介護サービス利用時の契約の締結などです。その後、本人の判断能力が不十分になったときに、本人や任意後見受任者などが家庭裁判所に任意後見監督人選任の申立てを行うことで任意後見が開始されます。

　任意後見が開始されると、任意後見受任者が任意後見人となって本人への支援を行います。さらに、任意後見の開始にあたって、申立てに基づいて家庭裁判所が任意後見監督人を選任します。この任意後見監督人が任意後見人の支援に問題がないかどうかを監督します。

● 成年後見制度を利用するには

　成年後見制度を利用するための申立ては家庭裁判所に行いますが、この申立ては誰でもできるわけではなく、本人やその配偶者、本人の四親等内の親族などに限られます。また、身内がいない高齢者が自分で成年後見制度を利用するかどうかの判断ができない状態である場合には、本人の代わり市区町村長が申立てを行うこともできます。

　保護を受ける本人の状況に応じて、成年後見・保佐・補助のそれぞれについての申立書を提出します（本書では保佐開始申立書を掲載しています）。後見開始審判申立書には、成年被後見人となる者の状況を記載します。保佐・補助の場合も基本的に同様ですが、保佐人・補助人に代理権を持たせる場合、保佐開始審判申立書（**書式11**）・補助開始審判申立書には、代理権を持たせたい行為も記載します。

　申立てを受けた家庭裁判所は、本人の精神的な障害の程度、生活状態、保護者となる人の資質などを調査し、さらに本人に直接会って意見を聴くなどの手続きを行います。このような手続きを経て申立てが

認められると、保護者は誰か、支援できる内容は何かといった事項が登記され、本人を支援する保護者の地位が公的に証明されます。

　なお、成年後見制度の開始後に保護者が死亡した場合は、新たな保護者を選任することになります。申立書（**書式12**）には、保護者の選任を希望するに至った経緯などを記載します。

■ 法定後見制度の利用手続きの流れ ……………………………

1．申立て（本人の住所地にある家庭裁判所に対して行う）

- ● 申立てができるのは、本人、配偶者、四親等以内の親族、検察官、任意後見人、任意後見監督人、市区町村長など。

2．審判手続（調査 → 鑑定・診断 → 審問の順に行う）

- ● 家庭裁判所調査官が、本人の精神状態、生活状態、資産状況、申立理由、本人の意向、成年後見人等候補者の適格性などを調査する。家庭裁判所は、市区町村などの行政、金融機関などに必要な調査報告を求めることもある。
- ● 鑑定は裁判所から依頼された鑑定人、診断は申立権者が依頼した医師が行う。鑑定や診断の結果は、本人の意思能力や障害の程度がどれくらいか、能力が回復する可能性があるかどうかなどを判断する重要な資料となる。
- ● 本人の精神的な障害の程度、状況を確認し、援助の必要性を判断するために、裁判官が直接本人に会って意見を聴く。審問は必要に応じて数回にわたって行われることもある。

3．審判（家庭裁判所の判断の結果が示される）

- ● 申し立てられた類型やそれに伴う同意・取消権、代理権を成年後見人等に付与することが適切かどうか、家庭裁判所の判断の結果が出される。誰を成年後見人等にするかも決定する。

4．告知・通知（審判の結果が関係者に伝えられる）

5．登記（法務局に後見等の内容が登記される）

● 任意後見監督人の選任による任意後見の開始

　任意後見制度の場合、任意後見契約で定めた事情の発生により任意後見人による後見が開始されます。その際、任意後見人の仕事を監督するために任意後見監督人の選任を家庭裁判所に申し立てて、任意後見監督人を選任してもらうことが必要です。申立書（**書式13**）には、任意後見監督人の選任を求める事情などを記載します。

■ 任意後見契約の効力が生じるしくみ ……………………………

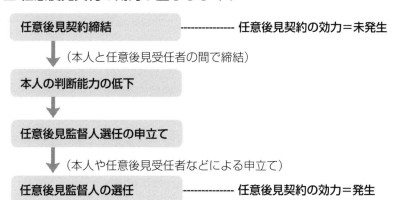

任意後見契約締結　　　　　　---------- 任意後見契約の効力＝未発生

　　　↓（本人と任意後見受任者の間で締結）

本人の判断能力の低下

　　　↓

任意後見監督人選任の申立て

　　　↓（本人や任意後見受任者などによる申立て）

任意後見監督人の選任　　　　---------- 任意後見契約の効力＝発生

Point
・任意後見契約を結んだだけでは効力は生じない
・本人の判断能力が低下しただけでは任意後見契約の効力は生じない
・任意後見監督人が選任されてはじめて任意後見契約の効力が生じる

書式11　保佐（後見、補助）開始申立書……………………

【令和3年4月版】

申立後は，家庭裁判所の許可を得なければ申立てを取り下げることはできません。

※ 太わくの中だけ記載してください。
※ 該当する部分の□にレ点（チェック）を付してください。

受付印

（ □後見 ☑保佐 □補助 ）開始等申立書

※ 該当するいずれかの部分の□にレ点（チェック）を付してください。

※ 収入印紙（申立費用）をここに貼ってください。
後見又は保佐開始のときは，８００円分
保佐又は補助開始＋代理権付与又は同意権付与のときは，１，６００円分
保佐又は補助開始＋代理権付与＋同意権付与のときは，２，４００円分
【注意】貼った収入印紙に押印・消印はしないでください。
収入印紙（登記費用）２，６００円分はここに貼らないでください。

収入印紙（申立費用）	円
収入印紙（登記費用）	円
予納郵便切手	円

準口頭	関連事件番号　　年（家　　）第　　　　号

○○　　家庭裁判所 ○○　支部・出張所　御中 令和　○ 年 ○ 月 ○ 日	申立人又は同手続 代理人の記名押印	甲 野 一 郎　㊞

申立人	住　所	〒○○○－○○○○ ○○県○○市○○町○丁目○番○号 電話 ○○（○○○○）○○○○　　携帯電話 ○○（○○○○）○○○○
	ふりがな 氏　名	コウノ　　　　　　　ハナコ 甲 野 花 子	□大正 ☑昭和　○ 年 ○ 月 ○ 日生 □平成　　　　　　（○○ 歳）
	本人との 関係	□本人　☑配偶者　□親　□子　□孫　□兄弟姉妹　□甥姪 □その他の親族（関係：　　　　　　　）　□市区町村長 □その他（　　　　　　　　　　　）

手続代理人	住　所 （事務所等）	〒　－ ※法令により裁判上の行為をすることができる代理人又は弁護士を記載してください。 電話　　（　　　）　　　ファクシミリ　　（　　　）
	氏　名	

本人	本　籍 （国籍）	○○　都道府県　○○市○○町○番地
	住民票上 の住所	☑申立人と同じ 〒　－ 電話 ○○（○○○○）○○○○
	実際に 住んでいる 場所	□住民票上の住所と同じ 〒○○○－○○○○　※病院や施設の場合は，所在地，名称，連絡先を記載してください。 ○○県○○市○○町○丁目○番○号 病院・施設名（　　○○病院　　）電話 ○○（○○○○）○○○○
	ふりがな 氏　名	コウノ　　　　　　　タロウ 甲 野 太 郎	□大正 ☑昭和　○ 年 ○ 月 ○ 日生 □平成　　　　　　（○○ 歳）

申 立 て の 趣 旨
※ 該当する部分の□にレ点（チェック）を付してください。

□ 本人について**後見**を開始するとの審判を求める。

☑ 本人について**保佐**を開始するとの審判を求める。
※ 以下は，必要とする場合に限り，該当する部分の□にレ点（チェック）を付してください。なお，保佐開始申立ての場合，民法１３条１項に規定されている行為については，同意権付与の申立ての必要はありません。

  ☑ 本人のために**別紙代理行為目録記載**の行為について<u>保佐人に**代理権**を付与する</u>との審判を求める。

  □ 本人が民法１３条１項に規定されている行為のほかに，下記の行為（日用品の購入その他日常生活に関する行為を除く。）をするにも，<u>保佐人の**同意**を得なければならない</u>との審判を求める。

記

_____

_____

□ 本人について**補助**を開始するとの審判を求める。
※ 以下は，<u>少なくとも１つは</u>，該当する部分の□にレ点（チェック）を付してください。

  □ 本人のために**別紙代理行為目録記載**の行為について<u>補助人に**代理権**を付与する</u>との審判を求める。

  □ 本人が**別紙同意行為目録記載**の行為（日用品の購入その他日常生活に関する行為を除く。）をするには，<u>補助人の**同意**を得なければならない</u>との審判を求める。

申 立 て の 理 由

本人は，（※   **認知症**   ）により
判断能力が欠けているのが通常の状態又は判断能力が（著しく）不十分である。
※ 診断書に記載された診断名（本人の判断能力に影響を与えるもの）を記載してください。

申 立 て の 動 機
※ 該当する部分の□にレ点（チェック）を付してください。

本人は，
☑ 預貯金等の管理・解約   □ 保険金受取   □ 不動産の管理・処分   ☑ 相続手続
□ 訴訟手続等   □ 介護保険契約   □ 身上保護（福祉施設入所契約等）
□ その他（   ）
の必要がある。

※ 上記申立ての理由及び動機について具体的な事情を記載してください。書ききれない場合は別紙★を利用してください。★Ａ４サイズの用紙をご自分で準備してください。

  本人は，○年程前から認知症で○○病院に入院しているが、その症状は回復の見込みがない状態である。

  令和○年○月に本人の弟である甲野次郎が亡くなり遺産分割の必要が生じたが、本人が一人で手続を行うことには不安があるので、本件を申し立てた。申立人も病気がちなので、保佐人には、健康状態に問題のない長男の甲野夏男を選任してもらいたい。

成年後見人等候補者			
	☐ 家庭裁判所に一任　※　以下この欄の記載は不要 ☐ 申立人　※　申立人が候補者の場合は，以下この欄の記載は不要 ☑ 申立人以外の〔☑ 以下に記載の者　☐ 別紙★に記載の者〕★A4サイズの用紙をご自分で準備してください。		
	住　所	〒　　－ **申立人の住所と同じ** 電話 ○○（○○○○）○○○○　　携帯電話 ○○（○○○○）○○○○	
	ふりがな 氏　名	こうの　　　なつお **甲野　夏男**	昭和 平成　○年○月○日 生 （○○ 歳）
	本人との 関　係	☑ 親　族：☐ 配偶者　　☐ 親　☑ 子　　☐ 孫　　☐ 兄弟姉妹 　　　　　　☐ 甥姪　　☐ その他（関係：　　　　　　　） ☐ 親族外：（関係：　　　　　　　　　　　　　　　　　　　　）	

手続費用の上申

☐　手続費用については，本人の負担とすることを希望する。

※　申立手数料，送達・送付費用，後見登記手数料，鑑定費用の全部又は一部について，本人の負担とすることが認められる場合があります。

添付書類	※　同じ書類は本人1人につき1通で足ります。審理のために必要な場合は，追加書類の提出をお願いすることがあります。 ※　個人番号（マイナンバー）が記載されている書類は提出しないようにご注意ください。 ☑ 本人の戸籍謄本（全部事項証明書） ☑ 本人の住民票又は戸籍附票 ☑ 成年後見人等候補者の住民票又は戸籍附票 　（成年後見人等候補者が法人の場合には，当該法人の商業登記簿謄本（登記事項証明書）） ☑ 本人の診断書 ☑ 本人情報シート写し ☑ 本人の健康状態に関する資料 ☑ 本人の成年被後見人等の登記がされていないことの証明書 ☑ 本人の財産に関する資料 ☑ 本人が相続人となっている遺産分割未了の相続財産に関する資料 ☑ 本人の収支に関する資料 ☑ （保佐又は補助開始の申立てにおいて同意権付与又は代理権付与を求める場合） 　同意権，代理権を要する行為に関する資料（契約書写しなど） ☐ 成年後見人等候補者が本人との間で金銭の貸借等を行っている場合には，その関係書類（後見人等候補者事情説明書4項に関する資料）

書式12　成年後見人（保佐人、補助人）選任の申立書…

受付印	家事審判申立書　事件名（成年後見人の選任）

（この欄に申立手数料として1件について800円分の収入印紙を貼ってください。）

印
紙

（貼った印紙に押印しないでください。）

（注意）登記手数料としての収入印紙を納付する場合は、登記手数料としての収入印紙は貼らずにそのまま提出してください。

収入印紙	円
予納郵便切手	円
予納収入印紙	円

準口頭		関連事件番号　平成・令和　　　　年（家　　　）第　　　　　　　号

○○　家庭裁判所 御中 令和　○　年　○　月　○　日	申　立　人 （又は法定代理人など） の　記名押印	甲 野 秋 男　㊞

添付書類	（審理のために必要な場合は，追加書類の提出をお願いすることがあります。）

<table>
<tr><td rowspan="6">申　立　人</td><td>本　　籍
（国　籍）</td><td colspan="2">（戸籍の添付が必要とされていない申立ての場合は，記入する必要はありません。）
都　道
府　県</td></tr>
<tr><td>住　　所</td><td colspan="2">〒○○○ － ○○○○　　　　　　　電話　○○（　）○○
○○県○○市○○町○番○号○○マンション○○号
（　　　　　方）</td></tr>
<tr><td>連　絡　先</td><td colspan="2">〒　　－　　　　　　　　　　　電話　　（　　　）
（　　　　　方）</td></tr>
<tr><td>フリガナ
氏　　名</td><td>コウノ　　　アキオ
甲 野 秋 男</td><td>昭和
平成
令和　○年○月○日生
（　○○　歳）</td></tr>
<tr><td>職　　業</td><td colspan="2">会 社 員</td></tr>
</table>

<table>
<tr><td rowspan="6">※
成年被後見人</td><td>本　　籍
（国　籍）</td><td colspan="2">（戸籍の添付が必要とされていない申立ての場合は，記入する必要はありません。）
都　道
府　県</td></tr>
<tr><td>住　　所</td><td colspan="2">〒　　－　　　　　　　　　　電話　　（　　　）
申立人の住所と同じ
（　　　　　方）</td></tr>
<tr><td>連　絡　先</td><td colspan="2">〒　　－　　　　　　　　　　電話　　（　　　）
（　　　　　方）</td></tr>
<tr><td>フリガナ
氏　　名</td><td>コウノ　　　タロウ
甲 野 太 郎</td><td>昭和
平成
令和　○年○月○日生
（　○○　歳）</td></tr>
<tr><td>職　　業</td><td colspan="2">無 職</td></tr>
</table>

（注）　太枠の中だけ記入してください。

※の部分は，申立人，法定代理人，成年被後見人となるべき者，不在者，共同相続人，被相続人等の区別を記入してください。

別表第一（1/　　）

申　立　て　の　趣　旨

　成年被後見人の成年後見人として申立人を選任するとの審判を求めます。

申　立　て　の　理　由

1　申立人は、成年被後見人の長男です。

2　成年被後見人は、認知症の症状により、平成○○年○月○日、○○家庭裁判所において、後見が開始され、成年後見人として、成年被後見人の父親である甲野夏男が選任されました。

3　甲野夏男がこれまで成年後見人の職務を行ってきましたが、令和○○年○○月○○日に死亡しました。

4　後任の成年後見人としては、成年被後見人の長男であり、現在成年被後見人と同居している申立人が適任であると考えます。

5　よって、申立ての趣旨のとおりの審判を求めます。

別表第一（　／　）

書式13　任意後見監督人選任の申立書·······················

【令和3年4月版】

~~申立後は，家庭裁判所の許可を得なければ申立てを取り下げることはできません。~~
※　太わくの中だけ記載してください。
※　該当する部分の□にレ点（チェック）を付してください。

受付印

任意後見監督人選任申立書

※ 収入印紙（申立費用）８００円分をここに貼ってください。

【注意】貼った収入印紙に押印・消印はしないでください。
収入印紙（登記費用）１，４００円分はここに貼らないでください。

収入印紙（申立費用）	円
収入印紙（登記費用）	円
予納郵便切手	円

準口頭　　　関連事件番号　　年（家　）第　　　号

| 東　京 | 家庭裁判所
支部・出張所　御中
令和 ○ 年 ○ 月 ○ 日 | 申立人又は同手続
代理人の記名押印 | 吉　田　大　介　㊞ |

申 立 人	住　　所	〒０００－００００ 東京都中野区××○丁目○番○号 電話 ０３（××××）×××× 携帯電話　（　　　）
	ふりがな 氏　　名	ヨシ　ダ　　ダイ　スケ 吉　田　大　介	□ 大正 ☑ 昭和 ○ 年 ○ 月 ○ 日生 □ 平成　　　（　　　歳）
	本人との 関　　係	□ 本人　□ 配偶者　☑ 四親等内の親族（　**本人の長男**　） □ 任意後見受任者　□ その他（　　　　　）

| 手
続
代
理
人 | 住　　所
(事務所等) | 〒　　－
電話　　（　　　）　　　ファクシミリ　　（　　　） | ※法令により裁判上の行為をすることができる代理人又は弁護士を
記載してください。 |
| | 氏　　名 | | |

本 人	本　　籍 (国　籍)	東京 ㊞都道府県 新宿区××○丁目○番地
	住民票上 の住所	☑ 申立人と同じ 〒　　－ 電話　　（　　　）
	実際に 住んでいる 場　　所	□ 住民票上の住所と同じ　※ 病院や施設の場合は，所在地，名称，連絡先を記載してください。 〒　　－ 病院・施設名（　　　　）電話　　（　　　）
	ふりがな 氏　　名	ヨシ　ダ　　イサム 吉　田　勇	□ 大正 ☑ 昭和 ○ 年 ○ 月 ○ 日生 □ 平成　　　（　　　歳）

<table>
<tr><td colspan="2" align="center">申　立　て　の　趣　旨</td></tr>
</table>

任意後見監督人の選任を求める。

<table>
<tr><td colspan="2" align="center">申　立　て　の　理　由</td></tr>
</table>

本人は，（※　　　　　　　　　　　　　　　　　　　　　　）により
判断能力が欠けているのが通常の状態又は判断能力が（著しく）不十分である。

※　診断書に記載された診断名（本人の判断能力に影響を与えるもの）を記載してください。

<table>
<tr><td align="center">申　立　て　の　動　機
※　該当する部分の□にレ点（チェック）を付してください。</td></tr>
</table>

本人は，

☐ 預貯金等の管理・解約　☐ 保険金受取　☐ 不動産の管理・処分　☐ 相続手続
☐ 訴訟手続等　☐ 介護保険契約　☐ 身上保護（福祉施設入所契約等）
☐ その他（　　　　　　　　　　　　）

の必要がある。

※　上記申立ての理由及び動機について具体的な事情を記載してください。書ききれない場合
　は別紙★に記載してください。★A4サイズの用紙をご自分で準備してください。

1. 本人は長年にわたって自己の所有するアパートの管理を行っており，令和○年○月○日に乙山一郎弁護士との

　間で任意後見契約を結んだ。その後，認知症の症状が進み，アパートの家賃の徴収や賃貸借契約等を一人で

　行うことができなくなったので，本件を申し立てた。

2. 本人は，申立人夫婦らと同居しており，日中は自宅で過ごすことが多い。また週に1回，○○病院に通院している。

　病院への送迎や食事，身の回りの世話などは申立人の妻が行っている。

<table>
<tr>
<td rowspan="2">任意後見
契　約</td>
<td>公正証書を作成した
公証人の所属</td>
<td colspan="2" align="center">東　京　法務局</td>
<td>証書番号</td>
<td>☐ 平成
☐ 令和</td>
<td>○ 年　第 ○○○○ 号</td>
</tr>
<tr>
<td>証書作成
年　月　日</td>
<td>☐ 平成
☑ 令和</td>
<td>○ 年 ○ 月 ○ 日</td>
<td>登記番号</td>
<td colspan="2">第 ○○○○ − ○○○○ 号</td>
</tr>
</table>

☐ 申立人と同じ　※　以下色が付いている欄のみ記載してください。
☐ 申立人以外の〔 ☐ 以下に記載の者　☐ 別紙★に記載の者 〕★A4サイズの用紙をご自分で準備してください。

<table>
<tr>
<td rowspan="5">任
意
後
見
受
任
者</td>
<td>住　所</td>
<td colspan="2">〒 000 − 0000
東京都港区××○丁目○番○号
電話 ○○ （××××） ××××　携帯電話　（　　　）</td>
</tr>
<tr>
<td>ふりがな</td>
<td>オツ　ヤマ　イチ　ロウ</td>
<td>☐ 昭和　　　○ 年 ○ 月 ○ 日 生
☐ 平成　　　（　　　　歳）</td>
</tr>
<tr>
<td>氏　名</td>
<td>乙　山　一　郎</td>
<td></td>
</tr>
<tr>
<td>職　業</td>
<td>弁護士　勤務先</td>
<td>〒 000 − 0000
東京都港区××○丁目○番○号
電話 ○○ （××××） ××××</td>
</tr>
<tr>
<td>本人との
関　係</td>
<td colspan="2">☐ 親　族：☐ 配偶者　☐ 親　☐ 子　☐ 孫　☐ 兄弟姉妹
　　　　　☐ 甥姪　☐ その他（関係：　　　　　　　）
☐ 親族外（関係：　　　　　　　　　　　　　　　　）</td>
</tr>
</table>

手続費用の上申

☐ 手続費用については，本人の負担とすることを希望する。

　※　申立手数料，送達・送付費用，後見登記手数料，鑑定費用の全部又は一部について，本人の負担とすることが認められる場合があります。

添付書類	※　同じ書類は本人1人につき1通で足ります。審理のために必要な場合は，追加書類の提出をお願いすることがあります。 ※　**個人番号（マイナンバー）が記載されている書類は提出しないようにご注意ください。** ☐　本人の戸籍謄本（全部事項証明書） ☐　本人の住民票又は戸籍附票 ☐　本人の診断書 ☐　本人情報シート写し ☐　本人の健康状態に関する資料 ☐　任意後見契約公正証書写し ☐　本人の登記事項証明書（任意後見契約） ☐　本人の成年被後見人等の登記がされていないことの証明書（証明事項が「成年被後見人，被保佐人，被補助人とする記録がない。」ことの証明書） ☐　本人の財産に関する資料 ☐　本人が相続人となっている遺産分割未了の相続財産に関する資料 ☐　本人の収支に関する資料 ☐　任意後見受任者が本人との間で金銭の貸借等を行っている場合には，その関係書類（任意後見受任者事情説明書5項に関する資料）

7 親族に対しての扶養料請求

● 扶養の問題を家裁ではどのように審判しているか

　高齢化社会と言われる中で、親族による高齢者の扶養は深刻な問題になっています。高齢者の扶養については、引き取り扶養を望まない親子（子が親を引き取って扶養することを望まず、親も子に引き取られて扶養されるのを望まない）が増えているのが現実ですし、裁判所が引き取りを強制するわけにもいきません。やはり、扶養料の請求をするのが現実的といえるでしょう。

　家庭裁判所に扶養料請求の申立てをし、調停がまとまれば調停調書が作成されます。申立書（**書式14**）には、兄弟などの相手方の氏名と扶養料、申立てに至った経緯を記載します。調停調書は訴訟で得た判決と同じ効力をもっていますから、これに基づいて強制執行をすることができます。調停がまとまらず、扶養料の支払いを命じる審判がなされた場合も、審判調書に基づいて強制執行ができます。

　家庭裁判所は権利者の申し出があれば、審判や調停で定められた義務の履行の状況を調査し、義務の履行が完全でないと判断すれば、義務の履行を勧告することができます。

　また、家庭裁判所は、審判や調停で決められた金銭の支払いなど財産上の給付を目的とする義務の履行を怠っている者がある場合で、相当と認めるときは、権利者の申立てに基づいて、義務者に対して相当の期限を定めて義務の履行を命じることができます。

　さらに、家庭裁判所は、審判や調停できめられた金銭の支払いを目的とする義務の履行について、権利者の申し出があれば、権利者のために金銭の寄託を受けることもできます。

書式14　扶養請求の調停申立書‥‥‥‥‥‥‥‥‥‥‥‥‥‥‥‥‥

受付印		
		☑ 調停
	家事	申立書　事件名（扶養請求）
		□ 審判

（この欄に申立て1件あたり収入印紙1,200円分を貼ってください。）

```
　　　　印
　　　　紙
```

（貼った印紙に押印しないでください。）

収入印紙	円
予納郵便切手	円

○○ 家庭裁判所 御中 令和 ○ 年 ○ 月 ○ 日	申　立　人 （又は法定代理人など） の記名押印	甲野　梅子　㊞

添付書類	（審理のために必要な場合は，追加書類の提出をお願いすることがあります。）	準　口頭

申	本　籍 （国　籍）	（戸籍の添付が必要とされていない申立ての場合は，記入する必要はありません。）　都　道　府　県
立	住　所	〒 ○○○ － ○○○○　　○○県○○市○○町○番○号○○アパート ○号　　　　　（　　　　　　方）
人	フリガナ 氏　名	コウノ　　　ウメコ　　　　甲野　梅子	昭和 平成 ○ 年 ○ 月 ○ 日生 （　　○　　歳）

相	本　籍 （国　籍）	（戸籍の添付が必要とされていない申立ての場合は，記入する必要はありません。）　都　道　府　県
手	住　所	〒 ○○○ － ○○○○　　○○県○○市○○町○番○号　　　　　（　　　　　　方）
方	フリガナ 氏　名	コウノ　　　イチロウ　　　　甲野　一郎	昭和 平成 ○ 年 ○ 月 ○ 日生 （　　○　　歳）

（注）太枠の中だけ記入してください。

別表第二，調停(　/　)

162

申　立　て　の　趣　旨
1　相手方一郎は、申立人を引き取って扶養する。
2　相手方二郎は、申立人に対し、扶養料として毎月金◯万円を支払う。
との調停を求めます。

申　立　て　の　理　由
1　相手方一郎及び二郎は、申立人の長男及び次男です。
2　申立人は、夫太郎死亡後、令和◯年◯月◯日から◯◯アパートの
一室を借りて一人で住んでいましたが、持病の心臓病が悪化し、
医者から万が一のことを考えると、一人住まいは避けた方がよいと
言われました。
3　そのため、申立人は、相手方一郎に引き取ってもらい、相手方二郎
から相当の扶養料の支給を受けたいので、相手方らと話し合いをしま
したが、協議がまとまらないため、申立ての趣旨のとおりの調停を求めます。

別表第二，調停(　/　)

8 戸籍上の氏名や性別の変更

◉ 戸籍とは

　日本国民であれば、戸籍に関する「戸籍謄本」「戸籍抄本」「戸籍全部事項証明書」「戸籍一部事項証明書」といった書面に触れる機会が何度かあったと思います。戸籍とは、日本国民の出生から死亡に至るまでの親族関係を証明するための制度であり、その人が日本国民であることを証明する唯一の制度でもあります。戸籍は個人単位でなく筆頭者を基準とした家単位で編成されますが、これは世界でも珍しく、他の多くの国では個人単位の登録制度が採用されています。

◉ 戸籍がある場所はどこか

　戸籍に関する届出は、本人の本籍地または届出人の所在地の市区町村役場で行いますが（戸籍法25条）、戸籍をつづった帳簿（戸籍簿）は本籍地の市区町村役場に置かれています。

　本籍地とは、自らの戸籍を管理する場所で、日本国内の地番がある場所であれば、どこに本籍地を置いてもかまいません。そのため、婚姻時に本籍地を決める際、夫婦の思い出の場所を選ぶ、初めて２人で住んだ場所を選ぶ、皇居などの有名地を選ぶ、といった人もいるようです。戸籍に記載された情報を利用したいときには、本籍地の市区町村役場に申請すれば、謄本、抄本、全部事項証明書、一部事項証明書といった形の書面の交付を受けることができます。直接本籍地の市区町村役場に出向くことができないときは、郵送で交付してもらうこともできますが、どうしても時間がかかるなどの不便が生じます。本籍地を決める際には、このような事情も考慮すべきでしょう。

◉ 戸籍が変動する場合

たとえば、子どもの出生、夫婦の離婚、子どもの認知といった場合に、以下のような戸籍の変動が生じます。

① 子どもが生まれた場合

両親のいずれかが日本国籍を持っていれば、その両親から生まれた子どもは日本国籍を取得します。これに伴い、子どもは戸籍を持つことになりますが、戸籍に記載されるためには、原則として生まれた日を含めて14日以内に出生届を提出しなければなりません。出生届の提出先である役所は、出生した市区町村の役所でもかまいませんし、両親の本籍地がある市区町村の役所でもかまいません。

出生届が提出されると、子どもは両親の戸籍に入籍します。本籍地と姓は両親と同じです。

② 夫婦が離婚した場合

男女が結婚した場合は、氏を変更しなかった側を筆頭者とする戸籍が新たに編成されるのが一般的です。

これに対し、夫婦が離婚した場合は、それぞれが別の戸籍に入りますが、とくに未成年の子どもがいるときに、その子どもの戸籍をどうするかという問題が生じます。

離婚届を提出する際は、未成年の子どもの親権者を記載しなければなりませんが、親権者を決めただけでは戸籍に変更はありません。たとえば、離婚に伴い旧姓に戻る妻が親権者になっても、子どもは元の姓のまま、夫が筆頭者になっている戸籍に残ります。子どもを妻と同じ姓にして妻の戸籍に入れるには、家庭裁判所に「氏の変更」を申し立てて許可を得て、入籍届を出すという手続きが必要です。

③ 子どもを認知する場合

事実婚の形態をとっているなど婚姻届を提出していない場合、その男女間に生まれた子どもは、母親の戸籍に入ります。ただし、父親が自分の子どもであると認めて認知届を出した場合（任意認知）や、裁

判所が子どもの父親であるとする判決をした場合（強制認知）には、子どもの戸籍と父親の戸籍の双方の身分事項欄に、その事実が記載されます。子どもが父親と同じ姓になり父親の戸籍に入るには、離婚時と同様、家庭裁判所に「氏の変更」の審判を申し立てて許可を得て、入籍届を出すという手続きが必要です。

④ **養子と戸籍**

養子縁組を利用した場合、養親と養子の間には法的な親子関係が形成され、戸籍上にもその旨が記載されます。

普通養子縁組の場合、養子の戸籍には実父母の氏名や縁組年月日が記載される他、続柄欄には「養子」「養女」と記載されます。一方、特別養子縁組の場合、実父母との親子関係を終了させることから、続柄を「養子」「養女」ではなく「長男」「長女」といった実子と同じ表記にするなど、できるだけ実子に近くなる配慮がなされています。

⑤ **氏・名を変更する場合**

戸籍上の氏（苗字）や名（名前）を変更する手続きです。

氏・名は簡単に変更が認められるものではありませんが、難読、不便、婚姻前の氏への変更など、事情があって変更を希望する場合は、氏・名の変更の申立てができます。氏・名の変更については、本人が15歳未満であれば法定代理人が、15歳以上であれば本人自身が申立てを行うことができます。申立書（**書式15、16**）には、氏・名の変更を希望する事情を詳細に記載するとよいでしょう。

⑥ **性別の変更**

性同一性障害をもつ人のうち、生殖腺がないなど一定の条件を満たすものは、家庭裁判所に性別の変更を申し立てることができます。申立書（**書式17**）には、性同一性障害者であることを含め、性別の変更を希望する具体的な事情を記載します。

書式15　氏の変更許可申立書（15歳以上）・・・・・・・・・・・・・・・

受付印	**子 の 氏 の 変 更 許 可 申 立 書**
	（この欄に申立人1人について収入印紙800円分を貼ってください。）
収 入 印 紙　　　　円 予納郵便切手　　　　円	（貼った印紙に押印しないでください。）

準口頭		関連事件番号　平成・令和　　年（家　　）第　　　　　　　　　　　号

	家 庭 裁 判 所 御 中 令和○年○月○日	申 立 人 〔15歳未満の 場合は法定代 理人〕 の 記 名 押 印	遠 山　葉 子　㊞

添付書類	（同じ書類は1通で足ります。審理のために必要な場合は，追加書類の提出をお願いすることがあります。） □ 申立人（子）の戸籍謄本（全部事項証明書）　　　□ 父・母の戸籍謄本（全部事項証明書） □

申 **立** **人** **（子）**	本　籍	東京 ㊞道 　　府県 ○○区○○町○番地○	
	住　所	〒○○○-○○○○　　　電話　03（○○○○）○○○○ 東京都○○区○○町○丁目○番○号　　　（　　　方）	
	フリガナ 氏　名	トオヤマ　ヨウコ 遠 山　葉 子	昭和 平成 ○年○月○日生 令和 （　　　歳）
	本　籍 住　所	※　上記申立人と同じ	
	フリガナ 氏　名		昭和 平成 年　　月　　日生 令和 （　　　歳）
	本　籍 住　所	※　上記申立人と同じ	
	フリガナ 氏　名		昭和 平成 年　　月　　日生 令和 （　　　歳）
☆ **法定代理人** _{（父・母 後見人）}	本　籍	都　道 　　　府　県	
	住　所	〒　　　－　　　　　電話　（　　　） 　　　　　　　　　　　　　　（　　　方）	
	フリガナ 氏　名		フリガナ 氏　名

（注）　太枠の中だけ記入してください。　※の部分は，各申立人の本籍及び住所が異なる場合はそれぞれ記入してください。　☆の部分は，申立人が15歳未満の場合に記入してください。

申　立　て　の　趣　旨

※
申立人の氏（　**遠山**　）を　　1　母
　　　　　　　　　　　　　　　　　2　父　　の氏（　**服部**　）に変更することの許可を求める。
　　　　　　　　　　　　　　　　　3　父母

(注)　※の部分は，当てはまる番号を○で囲み，（　）内に具体的に記入してください。

申　立　て　の　理　由

父　・　母　と　氏　を　異　に　す　る　理　由

※
1　父　母　の　離　婚　　　　5　父　の　認　知
2　父　・　母　の　婚　姻　　　6　父(母)死亡後，母(父)の復氏
3　父　・　母　の　養　子　縁　組　　7　その他（　　　　　　　　　　　　　　　）
4　父　・　母　の　養　子　離　縁

　　　　　　　　　　　　　　（その年月日　　平成・令和　　　年　　　月　　　日）

申　立　て　の　動　機

※
1　母との同居生活上の支障　　　5　結　　　　　　　婚
2　父との同居生活上の支障　　　6　その他
3　入　園　・　入　学
4　就　　　　　　　　職

(注)　太枠の中だけ記入してください。　※の部分は，当てはまる番号を○で囲み，父・母と氏を異にする
　　　理由の7，申立ての動機の6を選んだ場合には，（　）内に具体的に記入してください。

書式16　名の変更許可申立書（15歳以上）………………

受付印	**名 の 変 更 許 可 申 立 書**
	（この欄に収入印紙800円分を貼ってください。）
収入印紙　　　　　　円	
予納郵便切手　　　　円	（貼った印紙に押印しないでください。）

準口頭		関連事件番号　平成・令和　　　年（家　　　）第　　　　　　　　　　号

○○　家庭裁判所 御中 令和 ○ 年 ○ 月 ○ 日	申 立 人 〔１５歳未満の 場合は法定代 理人〕 の 記 名 押 印	池田　優　　㊞

添付書類	（同じ書類は１通で足ります。審理のために必要な場合は，追加書類の提出をお願いすることがあります。） ☑申立人の戸籍謄本（全部事項証明書） ☑名の変更の理由を証する資料 ☐

申立人	本　籍	○○ 都道府(県) ○○市○○町○番地	
	住　所	〒○○○-○○○○　　　　　　　電話 ○○○（○○○）○○○○ ○○県○○市○○町○丁目○番○号（　　　　　方）	
	フリガナ 氏　名	イケダ　ユウ 池田　優	大正 昭和 ○ 年 ○ 月 ○ 日生 平成 令和　　（　　　　歳）
	職　業 又は 在校名	○○高等学校	
※ 法定代理人 〔父・母 後見人〕	本　籍	都　道 府　県	
	住　所	〒　　 －　　　　　　　電話　　　（　　　） （　　　　　方）	
	フリガナ 氏　名		
	フリガナ 氏　名		

（注）　太枠の中だけ記入してください。　※の部分は，申立人が１５歳未満の場合に記入してください。

申　立　て　の　趣　旨

申立人の名（　　優　　）を（　　優子　　）と変更することの許可を求める。

申　立　て　の　理　由

※

1　奇妙な名である。　　　　　　　　5　外国人とまぎらわしい。

2　むずかしくて正確に読まれない。　6　平成　　年　　月神官・僧侶となった（やめた）。

3　同姓同名者がいて不便である。　　⑦　通称として永年使用した。
　　　　　　　　　　　　　　　　　　　　（使用を始めた時期　平成 ◯ 年 ◯ 月）
4　異性とまぎらわしい。
　　　　　　　　　　　　　　　　　　8　その他（　　　　　　　　　　　　　　）

（名の変更を必要とする具体的な事情）

　　　申立人は、高校３年生の女子です。戸籍上は「優」となっていますが、小学校１年生の時から「優子」という通称名を使用しています。現在では、学校の教師、友人、親戚、近所の方々、クラブ活動の仲間との間では「優子」として通用しています。申立人は大学受験を控えており、今後の進学や就職のことを考えると、戸籍上の名称が「優」のままでは不便です。そのため、変更の許可を得たく申し立てます。

（備　考）

（注）　太枠の中だけ記入してください。　※の部分は，当てはまる番号を〇で囲み，８を選んだ場合には，
（　）内に具体的に記入してください。

書式17　性別の取扱いの変更申立書‥‥‥‥‥‥‥‥‥‥‥‥‥‥

受付印	家 事 審 判 申 立 書　事件名（性別の取扱いの変更）
	（この欄に申立手数料として１件について８００円分の収入印紙を貼ってください。） 印 紙 （貼った印紙に押印しないでください。） （注意）登記手数料としての収入印紙を納付する場合は，登記手数料としての収入印紙は貼らずにそのまま提出してください。

収入印紙	円
予納郵便切手	円
予納収入印紙	円

準口頭	関連事件番号　平成・令和　　　年（家　　　）第　　　　　　　　　　号

○○　家庭裁判所 御中 令和　○年○月○日	申　立　人 （又は法定代理人など） の　記　名　押　印	甲 野 一 郎　㊞

添付書類	（審理のために必要な場合は，追加書類の提出をお願いすることがあります。）

申立人	本　籍 （国　籍）	（戸籍の添付が必要とされていない申立ての場合は，記入する必要はありません。） ○○ 都道 府県 ○○市○○町○丁目○番地
	住　所	〒　　　－ ○○県○○市○○町○丁目○番○号　　電話　○○（○○○○）○○○○ （　　　　方）
	連絡先	〒　　　－　　　　　　　　　　　電話　　（　　　） （　　　方）
	フリガナ 氏　名	コウノ　　イチロウ 甲 野 一 郎	昭和 平成 令和 ○年○月○日生 （　○○歳）
	職　業	会 社 員

※	本　籍 （国　籍）	（戸籍の添付が必要とされていない申立ての場合は，記入する必要はありません。） 都道 府県
	住　所	〒　　　－　　　　　　　　　　　電話　　（　　　） （　　　方）
	連絡先	〒　　　－　　　　　　　　　　　電話　　（　　　） （　　　方）
	フリガナ 氏　名		昭和 平成 令和　　年　　月　　日生 （　　歳）
	職　業	

（注）　太枠の中だけ記入してください。
※の部分は，申立人，法定代理人，成年被後見人となるべき者，不在者，共同相続人，被相続人等の区別を記入してください。

別表第一（1/　　）

申　立　て　の　趣　旨

申立人の性別の取扱いを男から女に変更するとの審判を求めます。

申　立　て　の　理　由

1　申立人は、小学校5年生頃から、自分の性別に違和感を覚え始め、中学校入学後も、

男子用トイレに入ることや他の男子生徒と一緒に着替えをすることが嫌で仕方があり

ませんでした。また、自分が女性であるとの認識もその頃から強くなってきました。

2　令和○年○月から○○大学附属病院○○科へ通い始め、令和○年○月に性同

一性障害と診断されました。それと同時に精神的サポート及びホルモン療法を開

始し、令和○年○月及び令和○年○月には、性別適合手術を受けました。

3　現在の勤務先では、完全に女性として認識されており、名前も通称として「甲野花子」を使用しています。

4　申立人は、このように外見も中身も全く女性なのに戸籍などの性別欄が男となっているため社会生活上

不便な思いをすることがあります。したがって、性別の取扱いを男から女に変更する審判を求めます。

5　なお、申立人には、子がいませんし、結婚もしていません。

（成年に達した子がいる場合）

6　なお、申立人は現在結婚していませんし、子（長女○○、平成○○年○月○日生）が

いますが、既に成年に達しています。

第4章

相続・遺産分割・遺言の
法律問題と書式

① 相続とは

◉ 相続とは

　相続とは、人の死亡によってその者（被相続人）の財産が法律上、当然に一定範囲の遺族（相続人）に承継されることをいいます。相続人が相続の開始の事実を知っているか否かに関係なく、被相続人の財産に属した一切の権利義務が一括して相続人に移ります。

　相続によって、積極財産（プラスの財産）はもちろん、消極財産（マイナスの財産、債務）も当然に相続人が承継します。ただし、相続人は限定承認や相続放棄（196ページ）をすることによって、被相続人が有していた債務の全部または一部を承継しないことができます。

◉ 誰が相続人になるのか

　誰が相続人となるのかについては、民法が定めています。このように、民法によってあらかじめ定められている相続人のことを法定相続人といいます。法定相続人は、配偶者と血族相続人です。

①　配偶者

　配偶者は、常に相続人となります。「配偶者」というためには有効な婚姻届が出されていることが必要であり、内縁関係にある者は含まれません。また、婚姻期間の長短や同居の有無は問いません。

　法定相続分は、ⓐ相続人が配偶者と子の場合、それぞれ2分の1ずつ、ⓑ相続人が配偶者と直系尊属の場合は配偶者が3分の2、直系尊属が3分の1、ⓒ相続人が配偶者と兄弟姉妹の場合、配偶者が4分の3、兄弟姉妹が4分の1となります。

②　血族相続人

　被相続人の子（胎児を含む）・直系尊属・兄弟姉妹の順で相続人と

なります。子は、実子か養子かを問いません。また、子が数人いる場合は各自が同順位で相続人になります。

　被相続人に子やその代襲相続人（179ページ）がいない場合、被相続人の直系尊属が相続人となります。親等が異なる複数の直系尊属がいる場合、親等の近い者が相続人になります。

　被相続人に子・その代襲相続人や直系尊属がいない場合には、兄弟姉妹が相続人となります。

■ 相続人の範囲 ………………………………………………………………

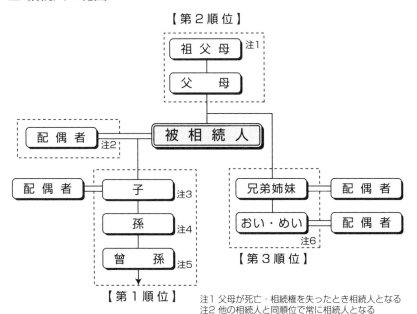

【第２順位】

祖父母 注1
父母

配偶者 注2 ―― 被相続人

配偶者 ―― 子 注3
孫 注4
曾孫 注5
【第１順位】

兄弟姉妹 ―― 配偶者
おい・めい ―― 配偶者
注6
【第３順位】

注1 父母が死亡・相続権を失ったとき相続人となる
注2 他の相続人と同順位で常に相続人となる
注3 胎児も含まれる
注4 子が死亡・相続権を失ったとき相続人となる
注5 孫が死亡・相続権を失ったとき相続人となる
　　孫以降も代襲は続く
注6 兄弟姉妹が死亡・相続権を失ったとき相続人となる。被相続人を代襲するのは甥、姪まで

相続の基本ルール

● 相続人となるかどうかは民法で定められた順位による

　民法は、配偶者は常に相続人になるとしており、他の血族について、相続人となる者の順位を定めています。上の順位の者がいるときは、その者だけが相続人となり、下の順位の者は相続人とはなりません。第1順位が直系卑属（子や孫、ひ孫など、被相続人よりも後の世代で、直通する系統の親族）、第2順位が直系尊属（父母や祖父母など、被相続人よりも前の世代で、直通する系統の親族）、第3順位が兄弟姉妹です。

　被相続人に子がいる場合には、被相続人の配偶者以外では子だけが相続人となり、たとえ被相続人に父母や兄弟姉妹があっても、これらの者は相続人とはなりません。また、被相続人の孫が相続人となるのは、この後に説明する、子の「代襲相続人」となる場合に限られます。

　被相続人に子やその代襲相続人がいない場合は、直系尊属がいるときは、直系尊属が相続人となります。父母と祖父母がいる場合のように、親等が異なる直系尊属が複数いるときは、その親等の近い者が相続人となります。つまり、父母のみが相続人となり、祖父母は相続人とはなりません。兄弟姉妹が相続人になるのは、被相続人に直系卑属も直系尊属もいないときに限られます。

　被相続人の配偶者は、血族相続人とともに相続人となります。被相続人に、直系卑属も直系尊属も兄弟姉妹もいないときは、配偶者のみが相続人となり、配偶者が相続財産をすべて承継することになります。

● 法定相続分とは

　相続人が2人以上いる場合において、各相続人がどのような割合で

相続するのかという、取り分のことを相続分といいます。民法は、どの相続人がどのような割合で相続するのかについての規定を定めています。この民法が定める相続分のことを法定相続分といいます。なお、遺言によって、民法が定める法定相続分と異なる相続分を指定することもできます。この場合、各相続人の取り分は、法定相続分によるのではなく、遺言で定めた相続分によることになります。

法定相続分は、血族相続人が誰であるのかによって、以下のように分けられています。

① 配偶者と子が相続人の場合

配偶者の相続分は2分の1、子の相続分も2分の1となります。子が複数いる場合は、2分の1を子の人数分で均等分割します。

② 配偶者と直系尊属が相続人の場合

配偶者の相続分は3分の2、直系尊属の相続分は3分の1となります。直系尊属が2人以上いる場合は、3分の1を人数分で均等分割します。

③ 配偶者と兄弟姉妹が相続人の場合

配偶者の相続分は4分の3、兄弟姉妹の相続分は4分の1となります。兄弟姉妹が2人以上いる場合は、4分の1を人数分で均等分割します。

■ 法定相続分について ………………………………………………

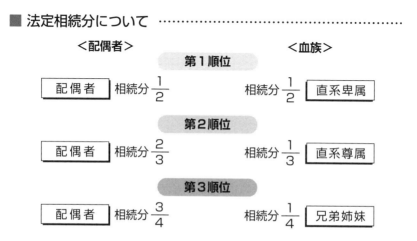

<配偶者>　　　　　　　　　　　　　　　　　<血族>

第1順位

配偶者 | 相続分 $\frac{1}{2}$　　　　　相続分 $\frac{1}{2}$ | 直系卑属

第2順位

配偶者 | 相続分 $\frac{2}{3}$　　　　　相続分 $\frac{1}{3}$ | 直系尊属

第3順位

配偶者 | 相続分 $\frac{3}{4}$　　　　　相続分 $\frac{1}{4}$ | 兄弟姉妹

なお、父母の一方のみを共通とする兄弟姉妹（半血の兄弟姉妹）の相続分は、父母の両方を共通とする兄弟姉妹の相続分の２分の１となります。

◉ 非嫡出子の相続権

　正式な婚姻関係にない男女間の子を、非嫡出子（または嫡出でない子）といいます。非嫡出子であっても、被相続人の子であることに変わりはありませんから、父母の相続に際しては、第１順位の相続人となり、法定相続分も嫡出子と同等となっています。

　なお、非嫡出子の母親は出産の事実によって当然に法律上の母となることから、非嫡出子は当然に母親の相続人となるのに対して、非嫡出は当然には父親の相続人となるわけではありません。父親から認知を受けて、初めて非嫡出子として父親の相続人となることになります。

◉ 養子の法定相続分は実子と同じ

　相続人となる「子」には、被相続人の実子だけではなく、養子も含まれます。養子は、養親とは血のつながりはありませんが、養子縁組の届出をすることによって、実子と同じ身分が与えられるため、実子と同様に第１順位の相続人となり、法定相続分も実子と同等です。なお、被相続人が再婚をしており、再婚相手に連れ子がいる場合、養子縁組をしない限り、その連れ子には被相続人の相続権はありません。

■ 養子の相続分 ···

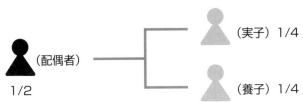

普通養子縁組をした養子は、養親と実親の両方について相続権があります。この意味では、二重の相続権をもっているといえます。

ただし、実親との親族関係を終了させることを認めた特別養子縁組（130ページ）によって養子になった場合、養子には養親の相続権はありますが、実親の相続権は失います。特別養子縁組は、実親およびその血族との親族関係を終了させるものだからです。

● 胎児にも相続権がある

胎児であっても、相続についてはすでに生まれているものとみなされ、相続人となります。また、胎児は、遺贈（遺言によって、遺産の全部または一部を譲与すること）を受けることもできます。

ただし、胎児が生きて生まれることが条件であり、胎児が相続開始後に死体で生まれた場合には、相続人となりません。

● 代襲相続とは

代襲相続とは、相続人が相続開始の前に既に死亡していたり、相続欠格や廃除によって相続人の資格を失っている場合（これらを「代襲原因」といいます）において、その者の子が代わって相続をするという制度です。代襲相続によって相続人となる人を、代襲相続人、また

■ 胎児の相続権 ・・・

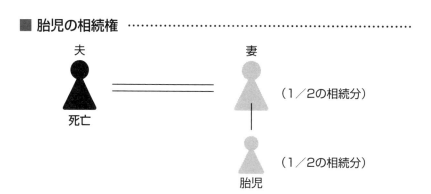

夫　　　　　　　　妻

死亡　　　　　　（1／2の相続分）

（1／2の相続分）

胎児

は代襲者といいます。本来相続人となるべきであった人のいわば代わりの相続人です。したがって、代襲相続人は、相続権を失った被代襲者が本来受けることができた相続分を代わりに取得します。代襲相続人が2人以上いる場合は、各自の相続分は平等となります。

　代襲相続が認められるのは、相続人となる子と兄弟姉妹のみです。たとえば、相続人となる者が子の場合は、その者の子（つまり被相続人の孫）が代襲相続人となります。また、代襲相続人となる者が、被相続人の死亡よりも前に前述の代襲原因と同じ理由によって相続権を失っていたときは、その直系卑属がさらに代襲相続人となります。これに対して、相続人となる者が兄弟姉妹の場合は、代襲相続人となることができるのはその子（つまり被相続人のおい・めい）だけです。

　なお、相続放棄は代襲原因に含まれません。相続を放棄した者は、自分の直系卑属を含めて。自らの意思で遺産はいらないという意思を有していたと考えられること等から、相続放棄をした者には代襲を認める必要がないからです。

■ 代襲相続のしくみ

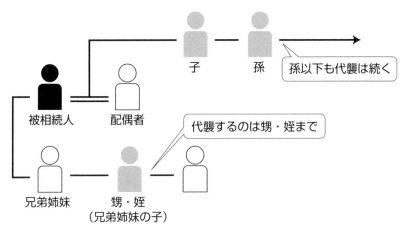

③ 特別受益と寄与分

● 特別受益とは

　相続人の中に、被相続人から遺贈を受けたり、婚姻や養子縁組のため、または生計の資本として生前贈与を受けた者がいる場合、その相続人が受けたこれらの利益のことを特別受益といい、特別受益を得た相続人を特別受益者といいます。

　特別受益者がいる場合、法定相続分に従って遺産を分割すると不公平な結果となる可能性があるので、「特別受益の持戻し」という処理を行います。特別受益の持戻しとは、被相続人が相続開始時に有していた財産の価額に、特別受益にあたる贈与を加えたものを相続財産とみなして（「みなし相続財産」といいます）、このみなし相続財産に相続分（法定相続分または遺言による指定相続分）を乗じて、各相続人の取り分である具体的相続分を計算し、特別受益を受けた相続人については、特別受益を控除して、具体的相続分を計算することをいいます（次ページ図）。ただし、被相続人が遺言で特別受益の持戻しをしないことを定めていた場合は、その遺言に従うことになります。

　なお、この場合に特別受益が遺留分を侵害していれば、遺留分を有する相続人は、原則として特別受益者に対して遺留分侵害額請求権を行使することが可能です。

　特別受益として扱われるのは以下の贈与や遺贈です。

① 　婚姻または養子縁組のために相続人が受けた贈与
② 　生計資金として相続人が受けた贈与
③ 　特定の相続人が受けた遺贈（目的は問わない）

● 「持戻し免除の意思表示」の推定

　被相続人が、自分の死後、残された配偶者が安心して暮らしていけるように、居住用不動産を贈与または遺贈するケースがあります。被相続人から相続人である配偶者が居住用不動産の贈与・遺贈を受けることは「特別受益」に該当します（前ページの②または③に該当します）。そのため、特別受益の基本的な考え方に従えば、配偶者が贈与・遺贈を受けた居住用不動産の価額分を相続開始時点で被相続人が実際に持っていた相続財産に加えるという処理（持戻し）を行い、各相続人の具体的相続分を算出することになります。これは本来、相続人間の公平を図る趣旨なのですが、このようなケースでは、不動産を特別受益として得た配偶者には、持ち戻しによって具体的相続分がほとんどないことが多くなり、生活資金となる現金や預貯金を相続できずに今後の生活が苦しくなる可能性があります。

■ 特別受益者の具体的相続分の算定方法 ･･････････････････････････

$$\left(\boxed{\begin{array}{c} \text{特別受益に} \\ \text{あたる贈与} \end{array}} + \boxed{\text{相続開始時の財産}} \right) \times \boxed{\text{相続分（民法900条～902条）}}$$

･･････ みなし相続財産 ･･････
（＝全相続財産）　－　$\boxed{\text{特別受益}}$　＝　$\boxed{\text{具体的相続分}}$

（設　例）

> 被相続人Aの子BCDの3人が相続人として存在し、相続財産が1000万円ある場合に、BがAから200万円の特別受益にあたる生前贈与を受けていたときは、BCDの具体的相続分はいくらとなるか。

相続開始時の財産 1000万円	Bの受けた贈与 （特別受益）200万円

･････････ みなし相続財産 ･･････････････････

Bの具体的相続分：(200万円＋1000万円) × $\dfrac{1}{3}$ － 200万円 ＝ 200万

C・Dの具体的相続分：(200万円＋1000万円) × $\dfrac{1}{3}$ ＝ 400万

そこで、民法では、婚姻期間が20年以上の夫婦の間でなされた居住用不動産（居住用建物またはその敷地）の遺贈・贈与については、被相続人による「持戻し免除の意思表示」があったものと推定するとして、居住用不動産については持戻しが行われないことを認めています。これにより、被相続人の配偶者は、被相続人から居住用不動産の贈与・遺贈を受けた場合であっても、相続財産を相続することが可能になります。

● 寄与分とは

　寄与分とは、被相続人の財産の維持または増加について「特別の寄与」（財産形成に対する特別な貢献）をした相続人がいる場合に、他の相続人よりも相続財産を多く分けるという制度です。共同相続人の協議によって、特別の寄与をした相続人の寄与分を定めて、相続開始時における被相続人の財産の価額から寄与分を控除したものを相続財産とみなし、特別の寄与をした相続人は、このみなし相続財産に相続分（法定相続分または遺言による指定相続分）を乗じて算定した相続分に、寄与分を加えた額を取得することができます。

　寄与分制度は、特別受益者の相続分と同様に、相続分の計算方法を修正して、相続人同士の実質的な公平を図ることを目的としています。

　被相続人に事業資金を提供したことで被相続人が倒産を免れた場合や、長期療養中の被相続人の看護に努めたことで被相続人が看護費用の支出を免れた場合などは、特別の寄与と認められ、寄与分制度の対象となります。これに対し、配偶者としての貢献や子による親孝行などは、特別の寄与とは認められず、寄与分制度の対象になりません。

　また、寄与分は相続人だけに認められる制度ですから、相続人でない人には寄与分は認められません。

● 寄与分の具体的な計算方法

　寄与分の計算方法は、まず、相続財産の総額から寄与分を差し引い

て、「みなし相続財産」を計算します。次に、みなし相続財産をもとに各相続人の相続分に応じて具体的相続分を計算し、特別の寄与をした相続人については、寄与分を加えた額を具体的相続分とします。

　たとえば、妻と長男、二男、長女の4人が相続人で、相続財産が2000万円、長男の寄与分が200万円である場合は、以下のような計算によって、特別の寄与をした長男の具体的相続分は500万円となります。

・みなし相続財産…2000万円－200万円＝1800万円
・妻の相続分………1800万円×2分の1＝900万円
・長女の相続分…1800万円×6分の1＝300万円
・二男の相続分…1800万円×6分の1＝300万円
・長男の相続分…1800万円－900万円×6分の1＋200万円（寄与分）
　＝500万円

　なお、寄与分の金額をいくらにすべきかについて特段の定めはありませんが、相続財産の総額から遺贈の価額を控除した残額を超えることはできないとされています。当事者間で寄与分についての協議が調わない場合は、家庭裁判所に寄与分を定める申立て（**書式1**）をすることができます。

■ 寄与分のしくみ

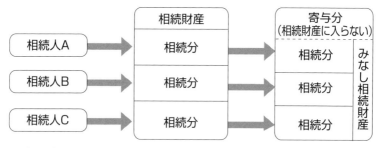

※寄与が認められた相続人Aは寄与分＋相続分を受け取ることができる

相続人以外の親族の特別寄与料請求権

寄与分は相続人のみに認められるため、たとえば、相続人の妻が、被相続人である夫の父親の療養看護に努めた場合であっても、寄与分として考慮されません。

こうした不公平な取扱いを解消するため、民法は、被相続人に対して無償で療養看護その他の労務の提供をしたことによって被相続人の財産の維持または増加について特別の寄与をした被相続人の親族（特別寄与者といいます）は、相続開始後、相続人に対して、特別寄与者の寄与に応じた額の金銭（特別寄与料）を請求することができるとしています。

特別寄与料の請求ができるのは、相続人ではない被相続人の親族です。具体的には、①6親等内の血族、②3親等内の姻族（妻の兄弟などの配偶者の血族や姉の夫などの血族の配偶者のこと）を指し、相続人、相続放棄をした者、相続欠格事由に該当する者、相続廃除された者は除外されます。当事者間で特別寄与料についての協議が調わない場合は、家庭裁判所に特別寄与料を定める申立て（**書式2**）をすることができます。

■ 相続人以外の親族（特別寄与者）の特別寄与料請求権 ………

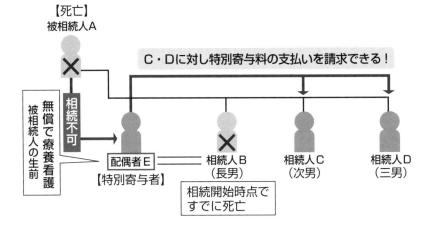

書式1　寄与分を定める処分調停の申立書 ‥‥‥‥‥‥‥

この申立書の写しは, 法律の定めるところにより, 申立ての内容を知らせるため, 相手方に送付されます。

受付印		

家事　☑ 調停　　申立書　事件名（　　寄与分　　）
　　　　□ 審判

（この欄に申立て1件あたり収入印紙1,200円分を貼ってください。）

印
紙

（貼った印紙に押印しないでください。）

収入印紙	円
予納郵便切手	円

○○　　　家庭裁判所 　　　　　　　　御中 令和 ○ 年 ○ 月 ○ 日	申　立　人 （又は法定代理人など） の 記 名 押 印	甲野 一郎　㊞

添付書類	（審理のために必要な場合は, 追加書類の提出をお願いすることがあります。）	準口頭

申	本　籍 （国　籍）	（戸籍の添付が必要とされていない申立ての場合は, 記入する必要はありません。） 　　　　　　都　道 　　　　　　府　県	
立	住　　所	〒○○○ - ○○○○ 　○○県○○市○○町○番○号 ○○マンション○号 　　　　　　　　　　　　　　　　　　　（　　　　　　方）	
人	フリガナ 氏　　名	コウノ　イチロウ 甲野 一郎	大正 ㊣昭和 ○ 年 ○ 月 ○ 日生 平成 令和　　（　○　歳）
相	本　籍 （国　籍）	（戸籍の添付が必要とされていない申立ての場合は, 記入する必要はありません。） 　　　　　　都　道 　　　　　　府　県	
手	住　　所	〒○○○ - ○○○○ 　○○県○○市○○町○番○号○○アパート ○号 　　　　　　　　　　　　　　　　　　　（　　　　　　方）	
方	フリガナ 氏　　名	オツカワ　ハルコ 乙川 春子	大正 ㊣昭和 ○ 年 ○ 月 ○ 日生 平成 令和　　（　○　歳）

（注）　太枠の中だけ記入してください。

この申立書の写しは，法律の定めるところにより，申立ての内容を知らせるため，相手方に送付されます。

申　立　て　の　趣　旨
申立人の寄与分を定める調停を求める。

申　立　て　の　理　由
1　申立人は、被相続人甲野二郎（令和○年○月○○日死亡）の長男であり、相手方乙川春子は長女、甲野太郎は二男になります。被相続人は精密機器の部品を製作する工場を経営していました。
2　申立人は、平成○年３月に高校を卒業すると同時に、被相続人の希望もあったことから、被相続人の経営する工場を手伝うようになりました。当初は、部品の製造作業のみを担当していましたが、平成○年○月ころからは、営業を担当するようになるとともに、経営にも関与するようになりました。
3　その結果、取引先も広がり、売り上げも大きく伸びました。また、この間、申立人は、被相続人と同居し、生活をともにしてきました。
4　そこで、申立人は、相手方らに対し，被相続人の遺産分割協議の際，前記労務の提供による被相続人の財産の増加、維持に対する申立人の寄与を主張しましたが、相手方らはこれに応じないため、本申立てをします。

（別紙）

※ 相 手 方	本　籍	（戸籍の添付が必要とされていない申立ての場合は，記入する必要はありません。） 　　　　　　　都　道 　　　　　　　府　県	
	住　所	〒○○○ー○○○○ ○○県○○市○○町○番○ー○○○号 　　　　　　　　　　　　　　　　　　（　　　　　　　方）	
	フリガナ 氏　名	コウノ　　　タロウ 　　甲野　太郎	大正 ⦅昭和⦆○年○月○日生 平成 令和　（　　○　　歳）

※ 被 相 続 人	本　籍	（戸籍の添付が必要とされていない申立ての場合は，記入する必要はありません。） 　　　　　　　都　道 　　　　　　　府　県	
	住　所	〒○○○ー○○○○ ○○県○○市○○町○番○号 　　　　　　　　　　　　　　　　　　（　　　　　　　方）	
	フリガナ 氏　名	コウノ　　　ジロウ 　　甲野　二郎	大正　　　　　　　死亡 昭和○年○月○日生 平成 ⦅令和⦆　（　　○　　歳）

※	本　籍	（戸籍の添付が必要とされていない申立ての場合は，記入する必要はありません。） 　　　　　　　都　道 　　　　　　　府　県	
	住　所	〒　　ー 　　　　　　　　　　　　　　　　　　（　　　　　　　方）	
	フリガナ 氏　名		大正 昭和　　年　月　　日生 平成 令和　（　　　　　歳）

※	本　籍	（戸籍の添付が必要とされていない申立ての場合は，記入する必要はありません。） 　　　　　　　都　道 　　　　　　　府　県	
	住　所	〒　　ー 　　　　　　　　　　　　　　　　　　（　　　　　　　方）	
	フリガナ 氏　名		大正 昭和　　年　月　　日生 平成 令和　（　　　　　歳）

(注)　太枠の中だけ記入してください。　※の部分は，申立人，相手方，法定代理人，不在者，共同相続人，被相続人等の区別を記入してください。

（　／　）

書式2　特別の寄与に関する処分を定める調停の申立書…

この申立書の写しは, 法律の定めるところにより, 申立ての内容を知らせるため, 相手方に送付されます。

受付印	家事 ☑ 調停　申立書　事件名（特別の寄与に関する処分） 　　　 □ 審判

（この欄に申立て1件あたり収入印紙1,200円分を貼ってください。）

> 印
> 紙

（貼った印紙に押印しないでください。）

| 収入印紙 | 円 |
| 予納郵便切手 | 円 |

○○ 家庭裁判所 　　　　　　　御中 令和 ○ 年 ○ 月 ○ 日	申　立　人 （又は法定代理人など） の記名押印	甲野　花子　㊞

添付書類	（審理のために必要な場合は, 追加書類の提出をお願いすることがあります。） 戸籍（除籍・改正原戸籍）謄本・全部事項証明書 ○通	準口頭

申 立 人	本　籍 （国　籍）	（戸籍の添付が必要とされていない申立ての場合は, 記入する必要はありません。） ○○ 都道府県 ○○市○○町○番地
	住　所	〒○○○ − ○○○○ ○○県○○市○○町○番○号　　　　　　（　　　　方）
	フリガナ 氏　名	コウノ　ハナコ 甲野　花子	大正 昭和 平成 令和 ○年○月○日生（○歳）

相 手 方	本　籍 （国　籍）	（戸籍の添付が必要とされていない申立ての場合は, 記入する必要はありません。） ○○ 都道府県 ○○市○○町○番地
	住　所	〒○○○ − ○○○○ ○○県○○市○○町○番○号　　　　　　（　　　　方）
	フリガナ 氏　名	コウノ　ジロウ 甲野　二郎	大正 昭和 平成 令和 ○年○月○日生（○歳）

（注）　太枠の中だけ記入してください。

※ 相 手 方	本　籍	*(戸籍の添付が必要とされていない申立ての場合は，記入する必要はありません。)* 都　道 府　県	
	住　所	〒○○○-○○○○ ○○県○○市○○町○番○号　　　　　　　　（　　　　　方）	
	フリガナ 氏　名	コウノ　　サブロウ 甲野　三郎	大正 ㊐和 ○年○月○日生 平成 令和　（　　○　　歳）
※ 被 相 続 人	本　籍	*(戸籍の添付が必要とされていない申立ての場合は，記入する必要はありません。)* 都　道 府　県	
	住　所	〒○○○-○○○○ ○○県○○市○○町○番○号　　　　　　　　（　　　　　方）	
	フリガナ 氏　名	コウノ　　ハルコ 甲野　春子	大正　　　　　　　死亡 昭和 ○年○月○日生 平成 ㋹和　（　　○　　歳）
※	本　籍	*(戸籍の添付が必要とされていない申立ての場合は，記入する必要はありません。)* 都　道 府　県	
	住　所	〒　　　－ 　　　　　　　　　　　　　　　　　　　　　　（　　　　　方）	
	フリガナ 氏　名		大正 昭和　　年　月　日生 平成 令和　（　　　　歳）
※	本　籍	*(戸籍の添付が必要とされていない申立ての場合は，記入する必要はありません。)* 都　道 府　県	
	住　所	〒　　　－ 　　　　　　　　　　　　　　　　　　　　　　（　　　　　方）	
	フリガナ 氏　名		大正 昭和　　年　月　日生 平成 令和　（　　　　歳）

(注)　太枠の中だけ記入してください。　※の部分は，申立人，相手方，法定代理人，不在者，共同相続人，被相続人等の区別を記入してください。

（　／　）

この申立書の写しは、法律の定めるところにより、申立ての内容を知らせるため、相手方に送付されます。

	申 立 て の 趣 旨

　相手方らは，申立人に対し，特別寄与料として，それぞれ相当

額を支払うとの調停を求めます。

	申 立 て の 理 由

　申立人は、被相続人甲野春子の長男甲野太郎の妻であり、相手方甲

野二郎は二男、甲野三郎は三男になります。

　申立人は、甲野太郎と婚姻すると同時に、被相続人の希望もあった

ことから、甲野太郎とともに被相続人と同居を開始しました。

　被相続人は、平成○年○月ころから、寝たきりの状態になり、家族による介護

が必要になったため、申立人は、当時、勤めていた会社を退社し、同月○日から

被相続人が亡くなるまでの間、無償で、被相続人の療養看護を行ってきました。

　被相続人は令和○年○月○日に死亡し、申立人は、同日、相続が開始

したこと、相手方らが相続人であることを知りました。

　そこで、申立人は、相手方らに対し、療養看護をしたことによる被相

続人の財産の維持、増加に対する申立人の特別の寄与を主張し、特別

寄与料として、それぞれ相当額を支払うよう相手方らに協議を申し入れ

ましたが，相手方らはこれに応じないため，本申立てをします。

④ 相続の承認

● 相続する財産にはプラスもマイナスもある

相続財産には積極財産と消極財産、言い換えればプラスの財産とマイナス財産があります。相続財産は、金銭や土地や高価な物などの価値のある財産と、借金という負債によって構成されます。

相続人は、相続によって被相続人の財産をすべて承継することになった場合、被相続人のプラスの財産とマイナス財産の両方を相続することになるのです。

このように、相続財産には借金のようなマイナスの財産も含まれることから、民法は、相続財産をすべて承継するのか、一部のみ相続するのか、一切相続しないのかについて。相続人の自由な選択にまかせることにしています。

● 相続の承認には単純承認と限定承認がある

相続の承認には２つの方法があります。一つは、被相続人の財産と債務をすべて承認するというもので、これを単純承認といいます。一般に「相続する」といっているのは、単純承認のことです。単純承認した場合には被相続人の権利義務をすべて引き継ぐことになります。たとえマイナスの財産であっても相続分の割合に応じて責任を負う事になります。

相続財産の範囲内で被相続人の債務を負担する、という条件つきの相続を限定承認といいます。被相続人の負債額が不明である場合には、限定承認をすることによって、予想以上の債務を返済するリスクを回避できます。限定承認は、相続人の全員がそろって行われなければならないため、一人でも「単純承認だ」という者があれば、他の人も限

定承認はできなくなってしまいます。

　限定承認をした場合、相続人が自分の財産から借金返済額の不足分を支払う義務はありませんし、包括遺贈（遺産の全部または一定の割合を示して受遺者に与える遺贈）を受けた者も遺産の限定内で責任を負います。

　限定承認の手続きは、相続人が自分のために相続の開始があったことを知った時から３か月以内に、家庭裁判所へ相続の限定承認の申述書（書式３）を提出して行います。申述書には財産目録を添付し、財産目録には、不動産、動産、預金、債務などを正確に記載します。

　家庭裁判所で限定承認の申述書が受理されてから５日以内に、債権者や受遺者に相続の限定承認をしたことについての公告の手続きをしなければなりません。限定承認をすると、家庭裁判所によって相続財産清算人が選ばれ、相続財産について債権者への弁済などの清算が行われます。相続財産清算人は、相続人の中から選任されます。

■ 限定承認の手続き

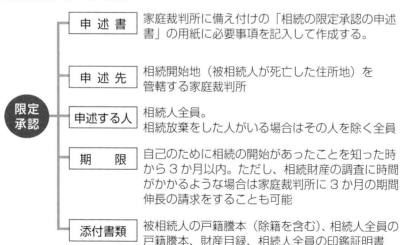

限定承認	申述書	家庭裁判所に備え付けの「相続の限定承認の申述書」の用紙に必要事項を記入して作成する。
	申述先	相続開始地（被相続人が死亡した住所地）を管轄する家庭裁判所
	申述する人	相続人全員。相続放棄をした人がいる場合はその人を除く全員
	期限	自己のために相続の開始があったことを知った時から３か月以内。ただし、相続財産の調査に時間がかかるような場合は家庭裁判所に３か月の期間伸長の請求をすることも可能
	添付書類	被相続人の戸籍謄本（除籍を含む）、相続人全員の戸籍謄本、財産目録、相続人全員の印鑑証明書

書式3　相続の限定承認の申述書 ……………………………………

受付印	家事審判申立書　事件名（相続の限定承認）

（この欄に申立手数料として1件について８００円分の収入印紙を貼ってください。）

```
印
紙
```

（貼った印紙に押印しないでください。）

（注意）登記手数料としての収入印紙を納付する場合は，登記手数料としての収入印紙は貼らずにそのまま提出してください。

収入印紙	円
予納郵便切手	円
予納収入印紙	円

準口頭		関連事件番号　平成・令和　　　年（家　　）第　　　　　　　号

○○ 家庭裁判所 御中 令和 ○ 年 ○ 月 ○ 日	申　立　人 （又は法定代理人など） の記名押印	甲野　一郎 ㊞ 甲野　二郎 ㊞

添付書類	（審理のために必要な場合は，追加書類の提出をお願いすることがあります。）

申述人㊞	本　籍 (国　籍)	（戸籍の添付が必要とされていない申立ての場合は，記入する必要はありません。） ○○ 都道府県　　○○市○○町○丁目○番地
	住　所	〒○○○－○○○○　　　電話 ○○○（○○○○）○○○○ ○○県○○市○○町○丁目○○番○○号 （　　　　　　方）
	連絡先	〒　　－　　　　　　　　電話　　（　　　） （　　　　　　方）
	フリガナ 氏　名	コウノ　イチロウ 甲野　一郎	昭和・平成・令和 ○ 年 ○ 月 ○ 日生 （ ○○ 歳）
	職　業	会社員	

※ 申述人	本　籍 (国　籍)	（戸籍の添付が必要とされていない申立ての場合は，記入する必要はありません。） 都道府県　申述人一郎の本籍と同じ
	最後の 住　所	〒○○○－○○○○　　　電話 ○○○（○○○○）○○○○ ○○県○○市○○町○丁目○番○号○○マンション○○○号室 （　　　　　　方）
	連絡先	〒　　－　　　　　　　　電話　　（　　　） （　　　　　　方）
	フリガナ 氏　名	コウノ　ジロウ 甲野　二郎	昭和・平成・令和 ○ 年 ○ 月 ○ 日生 （ ○○ 歳）
	職　業	会社員	

（注）　太枠の中だけ記入してください。

※の部分は，申立人，法定代理人，成年被後見人となるべき者，不在者，共同相続人，被相続人等の区別を記入してください。

別表第一－（1/　　）

※	本 籍 (国 籍)	(戸籍の添付が必要とされていない申立ての場合は，記入する必要はありません。) 都 道 府 県　　申述人一郎の本籍と同じ	
被 相 続 人	最後の 住 所	〒　　－　　　　　　　　　　　　電話　　（　　　） 申述人一郎の本籍と同じ （　　　　　　　　方）	
	連 絡 先	〒　　－　　　　　　　　　　　　電話　　（　　　） （　　　　　　　　方）	
	フリガナ 氏 名	コウノ　　　タロウ 甲野 太郎	昭和 平成 令和　○ 年 ○ 月 ○ 日生 ○○ 歳）
	職 業		

申　立　て　の　趣　旨

被相続人の相続につき、限定承認します。

申　立　て　の　理　由

1　申述人らは、被相続人の子であり、相続人は申述人らだけです。

2　被相続人は、令和○年○月○日死亡してその相続が開始し、申述人らはい

ずれも被相続人の死亡当日に相続の開始を知りました。

3　被相続人には別添の遺産目録記載の遺産がありますが、相当の負債もあ

り、申述人らはいずれも相続によって得た財産の限度で債務を弁済したいと

考えますので、限定承認をすることを申述します。

（申述人が複数の場合）

　なお、相続財産清算人には、申述人の甲野一郎を選任していただくよう希望

します。

別表第一（　　／　　）

⑤ 相続放棄

● 相続放棄は相続開始を知ってから3か月以内にすること

　相続するかしないかは、相続人の自由です。相続放棄をする場合にはすべての相続財産（プラス分とマイナス分）を放棄します。相続の放棄をした場合は、相続放棄をした人は、最初から相続人ではなかったとみなされます。

　相続放棄をする場合は、自分のために相続の開始があったことを知った時から3か月以内にしなければなりません。相続人が未成年者や被後見人などの制限能力者の場合は、その法定代理人が制限能力者のために相続の開始があったことを知った時から3か月以内にしなければなりません。

　なお、相続の放棄をした者も、その放棄によって相続人となる者が遺産の管理を始めるまでは、遺産を管理する必要があります。

● 相続放棄した相続人の子や孫は代襲相続できない

　相続放棄した場合には、その子や孫が遺産を代襲相続することはできません。代襲相続をするのは、相続人が死亡、相続欠格、相続廃除によって相続権を失ったときだけです。なお、代襲相続人も相続放棄をすることができ、この場合も、その代襲相続人の子や孫は代襲相続することができません。

　相続放棄があった場合、他の同順位の血族相続人が相続人となり、同順位の者がいなければ、後順位の血族相続人が相続人となります。そのため、自分の相続分を特定の相続人に譲るために相続放棄をするのであれば、被相続人の親たちの前婚や非嫡出関係について調査する必要があります。

ところで、相続放棄をすると、遺産を思わぬ人が相続する場合があります。たとえば、子が相続放棄をした場合を考えてみましょう。被相続人の直系尊属と兄弟姉妹がすでに死亡している場合には、配偶者の他に甥や姪が代襲相続人となり、その法定相続分は配偶者4分の3、甥・姪らは合わせて4分の1ということになります。

● 相続放棄はどのような手続きで行うのか

　相続放棄の手続きは、家庭裁判所に相続の放棄の申述書（**書式4**）を提出して行います。相続放棄をする相続人が未成年者の場合には、法定代理人が申立てをします。家庭裁判所は、本人の自由意思による相続放棄であることを確認した上で受理します。いったん受理されると、原則として取り消すことができませんが、他の相続人から詐欺や強迫があった場合や制限能力者（単独で法律を行う能力が制限されている人）などの場合は、後から相続放棄を取り消すことができます。

■ 相続人である子が相続放棄をした場合 ······························

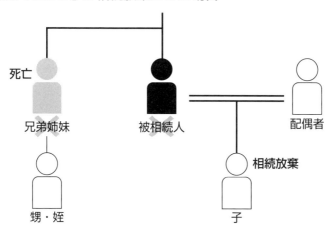

※本事例での法定相続分は配偶者4分の3
　死亡した兄弟姉妹を代襲した甥・姪が4分の1となります。

書式4　相続の放棄の申述書（20歳以上） ‥‥‥‥‥‥‥

受付印	相 続 放 棄 申 述 書		
	（この欄に収入印紙８００円分をはる。）		
収 入 印 紙　　　　円			
予納郵便切手　　　　円		（はった印紙に押印しないでください。）	

準口頭		関連事件番号　令和　　　　年（家　　）第		号

東　京　家庭裁判所 　　　　　　　御中 令和　○　年　6　月　1　日	申　述　人 （未成年者などの 場合は法定代理人） の　署　名　押　印	山　口　浩　二　㊞

添 付 書 類	申述人・法定代理人等の戸籍謄本　2　通　　　　被相続人の戸籍謄本　1　通

	本　　籍	東　京　㊡道府県　渋谷区大山町○丁目○番地		
申 述 人	住　　所	〒151−0000　　　　　　　　　電話03　（○○○○）○○○○ 東京都渋谷区大山町○丁目○番○号　（　　　　　　　　方）		
	フリガナ 氏　　名	ヤマ グチ　コウ ジ 山　口　浩　二	大正 ㊡44年 1 月16日生 平成	職　業　会社員
	被 相 続 人 と の 関 係	※ 被相続人の……　① 子　　2 孫　　3 配偶者　　4 直系尊属（父母・祖父母） 　　　　　　　　5 兄弟姉妹　6 おいめい　7 その他（　　　　　　　　）		
法 定 代 理 人	※ 1 親権者 1 2 3 後見人	住　　所	〒　 −　　　　　　　　　電話　（　　　　） 　　　　　　　　　　　　　　　　　　（　　　　　　　方）	
		フリガナ 氏　　名		フリガナ 氏　　名
被 相 続 人	本　　籍	東　京　㊡道府県　渋谷区大山町○丁目○番地		
	最　後　の 住　　所	申述人の住所と同じ	死亡当時 の 職 業	無　職
	フリガナ 氏　　名	ヤマ グチ　ヒサシ 山　口　久	令和○ 年 4 月15 日死亡	

（注）太枠の中だけ記入してください。※の部分は、当てはまる番号を○で囲み、被相続人との関係
　　欄の7、法定代理人等欄の3を選んだ場合には、具体的に記入してください。

申　立　て　の　趣　旨
相　続　の　放　棄　を　す　る　。

申　立　て　の　理　由

※ 相続の開始を知った日………令和 ◯ 年 4 月15日

  ① 被相続人死亡の当日　　　　　3　先順位者の相続放棄を知った日

  2　死亡の通知をうけた日　　　　4　その他（　　　　）

放　棄　の　理　由		相　続　財　産　の　概　略
※ 1　被相続人から生前に贈与を受けている。 2　生活が安定している。 3　遺産が少ない。 4　遺産を分散させたくない。 ⑤　債務超過のため。 6　その他（　　　　　　　）	資 産	農地……約 ……… 平方メートル　預　金 ………約 200 万円 　　　　　　　　　　　　　　　預貯金 山林……約 ……… 平方メートル　有価証券……約 300 万円 宅地……約 ……… 平方メートル 建物……約 ……… 平方メートル 負　債……………約 2,000 万円

（注）太枠の中だけ記入してください。※の部分は、当てはまる番号を◯で囲み、申述の実情欄の４、放棄の理
　　　由欄の６を選んだ場合には、（　　　　）内に具体的に記入してください。

相続欠格と相続人の廃除

● 相続欠格とは

　本来は相続人になるはずの人（推定相続人といいます）でも、被相続人などの一定の人や遺言書に対して法に触れる行為をした場合など、一定の事情があると、相続人になることができません。このことを相続欠格といいます。相続欠格に該当した場合は、特別な手続きがなくても相続権をすべて失います。相続欠格は、遺言よりも強い効力があるので、遺贈を受ける資格も失ってしまいます。そして、他の人が代わって相続権を得ることになります。なお、親が相続欠格となってもその子は、代襲者として相続権を得ることになります。相続欠格となる事由は以下のとおりです。

① 故意に、被相続人または先順位もしくは同順位にある相続人を死亡させたり、死亡させようとしたために、刑（執行猶予付きも含む）に処せられた者

② 被相続人が殺されたことを知って、これを告発、告訴しなかった者（その者に是非の弁別がないとき、または殺害者が自分の配偶者や直系血族であったときを除く）

③ 詐欺・強迫によって、被相続人が相続に関する遺言をすることやこれを撤回・取消し・変更することを妨げた者

④ 詐欺・強迫によって、被相続人に、相続に関する遺言をさせたりこれを撤回・取消し・変更させた者

⑤ 相続に関する被相続人の遺言書を偽造・変造・破棄・隠匿した者

● 推定相続人の廃除とは

　相続欠格事由に該当しない場合でも、一定の場合に被相続人の意思

によって相続権を奪うことができる制度として、推定相続人（将来、相続人となる予定の者）の廃除という制度があります。この廃除の対象になるのは、遺留分を持つ法定相続人（配偶者、子、父母）だけであり、遺留分を持たない兄弟姉妹に対しては、遺言によって一切相続させないことができるのみです。廃除の請求は、被相続人の自由ですから、被相続人が請求しない限り廃除されることはありません。

　相続人を廃除することができるのは、以下の３つのいずれかの事由によって、被相続人と相続人の共同関係が破たんし、相続させる理由がなくなった場合です。

①　推定相続人が被相続人に対して虐待をしたとき

②　推定相続人が被相続人に対して重大な侮辱をしたとき

③　推定相続人にその他の著しい非行があったとき

　これらの事由に該当するかどうかは、家庭裁判所の審判によって判断されます。

　家庭裁判所へ推定相続人の廃除の審判を申し立てるには、①被相続人が生前に請求する方法、②遺言書に相続人の廃除の意思表示をする方法の２つがあります。②の場合は、遺言執行者が、推定相続人の廃除の審判を申し立てます。申立書（**書式5**）には、推定相続人の廃除を求める理由を記載します。家庭裁判所による廃除の審判が確定すると、推定相続人の廃除が確定し、その推定相続人は被相続人の相続権を失います。

　廃除された者の子が代襲相続人となることは、相続欠格の場合と同じですが、推定相続人の廃除は被相続人の意思に基づくものであり、他の推定相続人が廃除を請求することはできません。

　廃除を取り消すことを請求することもできます。生存中に被相続人の気持ちが変わり、廃除を取り消したい場合には、廃除の取消しを家庭裁判所に申し立てることができます。遺言で廃除の取消しを求めることも可能です。家庭裁判所により廃除が取り消されると、廃除された推定相続人は相続権を有することになります。

書式5　推定相続人廃除審判申立書 ………………………………

受付印	家 事 ㊙審判・調停 申 立 書　事件名（推定相続人廃除）
	この欄に申立手数料として１件について８００円分の収入印紙を貼ってください。
収 入 印 紙　　　円	
予納郵便切手　　　円	
予納登記印紙　　　円	（はった印紙に押印しないでください。）

| 準口頭 | | 関連事件番号　令和　　　年（家　　）第　　　　　　　　号 |

| **東 京** 家庭裁判所
御中
令和○○年 **3** 月 **1** 日 | 申立人（又は法定代理人など）の署名押印又は記名押印 | **大 森　光 江** ㊞ |

| 添 付 書 類 | 申立人の戸籍謄本　　　通　　　相手方の戸籍謄本　　　通 |

	本　籍	**東 京** ㊞都・道・府・県 **台東区浅草○丁目○番○号**	
申立人	住　所	〒111- 0032　　**同　上**	電話 03（○○○○）○○○○ （　　　　　　　　方）
	連 絡 先	〒　－	電話　（　　　） （　　　　　　　　方）
	フリガナ 氏　　名	オオ モリ　ミツ エ **大 森　光 江**	大正・㊞昭和・平成 **18**年 **8** 月 **6** 日生
	職　業	会 社 員	

※	本　籍	**東 京** ㊞都・道・府・県 **北区赤羽○丁目○番○号**	
相手方	住　所	〒115- 0045　　**同　上**	電話 03（○○○○）○○○○ （　　　　　　　　方）
	連 絡 先	〒　－	電話　（　　　） （　　　　　　　　方）
	フリガナ 氏　　名	サイジョウ　ユキ オ **西 城　幸 男**	大正・㊞昭和・平成 **42**年 **2** 月 **14**日生
	職　業		

（注）太枠の中だけ記入してください。※の部分は、申立人、相手方、法定代理人、事件本人又は利害関係人の区別を記入してください。

申　　立　　て　　の　　趣　　旨

　相手方が被相続人西城壮一の推定相続人であることを廃除する審判を求めます。

申　　立　　て　　の　　理　　由

1．申立人は、東京家庭裁判所において選任された遺言執行者であります。

2．相手方は、被相続人の意に反して家業をせず、かつ被相続人を虐待するなど親不孝をしたので、被相続人は相手方の推定相続人たることを廃除する旨の遺言をなし、その遺言は被相続人が令和○○年3月4日に死亡したことによりその効力を生じたので、この申立てをします。

(注) 太枠の中だけ記入してください。

遺言の効力

● 遺言によってすることができるものとは

　遺言は、遺言者の意思を反映するものですが、あらゆる事項について遺言で定めることができるというわけではありません。遺言によってすることができる行為は、民法によって限定されています。これらの事項以外について遺言をした場合、遺言自体が無効になるわけではありませんが、その事項については法律上の遺言としての効力は生じません。民法で定められている、遺言によってすることができる主な事項には以下のようなものがあります。

① 包括遺贈および特定遺贈

　遺言によって、包括遺贈（遺産の全部または一定の割合を示して受遺者に与える遺贈）または特定遺贈（具体的な財産の遺贈）という方法で財産の全部または一部の処分をすることができます。

② 推定相続人の廃除、または廃除の取消し

　廃除とは、相続人になるはずの人（推定相続人といいます）の非行などを原因として、その人の相続権を失わせることです（200ページ）。遺言でもこの廃除の意思を表示することや、廃除を取り消すことが可能です。

③ 認　知

　内縁の妻の子など、非嫡出子について、法律上の父子関係を認める（または成立させる）ことです。認知は遺言によってもすることが可能です。

④ 未成年後見人および未成年後見監督人の指定

　被相続人の子が未成年者の場合、その被相続人は遺言によってを未成年後見人や未成年後見監督人を指定することができます。ただし、

遺言によってこのような指定をすることができるのは、その子について最後に親権を行う人だけです。

⑤　**相続分の指定または指定の委託**

　相続人の相続分について、遺言によって民法で定められている法定相続分とは異なる相続分を指定することが可能です。また、相続分の指定を第三者に委託する旨の遺言も可能です。

⑥　**遺産分割方法の指定または指定の委託**

　遺産の分割方法についてあらかじめ遺言で指定をしておくことができます。分割方法の指定を第三者に委託することもできます。

⑦　**遺産分割の禁止**

　遺産分割についてトラブルになりそうな場合は、5年以内に限って遺産分割を禁止することができます。

⑧　**共同相続人間の担保責任の定め**

　民法の定めでは、各共同相続人は、他の共同相続人に対して、相続財産を公平に分配するために、その相続分に応じて担保の責任を負うとされています。たとえば、共同相続人の1人が相続した財産に欠陥があった場合、他の共同相続人に対して損害賠償請求などをすることができるとされています。この法定の担保責任の内容を、遺言によって変更することができます。

⑨　**遺言執行者の指定または指定の委託**

　遺言によって定めた事項を実行するために、遺言執行者が選任されることがありますが、遺言によってこの遺言執行者を指定することができます。遺言執行者を指定する場合、相続人や受遺者が家庭裁判所に遺言執行者の選任の申立書（**書式6**）を提出します。遺言執行者の指定を第三者に委託することもできます。

書式6　遺言執行者の選任の申立書 ⋯⋯⋯⋯⋯⋯⋯

受付印	家 事 審 判 申 立 書　事件名（遺言執行者選任）

（この欄に申立手数料として1件について８００円分の収入印紙を貼ってください。）

印
紙

（貼った印紙に押印しないでください。）

（注意）登記手数料としての収入印紙を納付する場合は、登記手数料としての収入印紙は貼らずにそのまま提出してください。

収入印紙	円
予納郵便切手	円
予納収入印紙	円

準口頭		関連事件番号　平成・令和　　　年（家　　）第　　　　　　　号

○○　家庭裁判所 御中 令和○年○月○日	申　立　人 （又は法定代理人など） の 記 名 押 印	丙 野 一 郎　㊞

添付書類	（審理のために必要な場合は、追加書類の提出をお願いすることがあります。）

申立人	本　籍 （国 籍）	（戸籍の添付が必要とされていない申立ての場合は、記入する必要はありません。） 　　　都　道 　　　府　県
	住　所	〒 ○○○ － ○○○○　　　　　　電話 ○○○ （○○○○） ○○○○ ○○県○○市○○町○丁目○番○号○○マンション○○号室 （　　　　　　　　　　　　　　　　　　方）
	連絡先	〒　　　－　　　　　　　　　　　電話　　　（　　　　） （　　　　　　　　　　　　　　　　　　方）
	フリガナ 氏　名	ヘイノ　イチロウ 丙 野 一 郎	昭和 平成 令和 ○年○月○日生 （　○○　歳）
	職　業	会社員

※ 遺言者	本　籍 （国 籍）	（戸籍の添付が必要とされていない申立ての場合は、記入する必要はありません。） ○○　都道 　　府県　○○市○○町○丁目○番地
	最後の 住　所	〒 ○○○ － ○○○○　　　　　　電話　　　（　　　　） ○○県○○市○○町○丁目○番○号 （　　　　　　　　　　　　　　　　　　方）
	連絡先	〒　　　－　　　　　　　　　　　電話　　　（　　　　） （　　　　　　　　　　　　　　　　　　方）
	フリガナ 氏　名	コウノ　タロウ 甲 野 太 郎	昭和 平成 令和 ○年○月○日生 （　　　歳）
	職　業	無職

（注）　太枠の中だけ記入してください。
※の部分は、申立人、法定代理人、成年被後見人となるべき者、不在者、共同相続人、被相続人等の区別を記入してください。

別表第一（1/　　）

206

申　　立　　て　　の　　趣　　旨
遺言者の令和○年○月○日にした遺言につき、遺言執行者を選任するとの審判を求めます。

申　　立　　て　　の　　理　　由
1　申立人は、遺言者から別添の遺言書の写しのとおり、遺言者所有の不動産の遺贈を受けた者です。
2　この遺言書は、令和○年○月○日に御庁においてその検認を受けました（令和○年（家）第○○○○号）が、遺言執行者の指定がないので、その選任を求めます。
なお、遺言執行者として、弁護士である次の者を選任することを希望します。
住所　　　○○県○○市○○町○丁目○番○号
連絡先　　○○県○○市○○町○丁目○番○号○○ビル○階
○○法律事務所
（電話番号　○○○－○○○－○○○○）
氏名　　　乙 山 松 雄（昭和○年○月○日生）

別表第一（　　／　　）

8 遺言書に関する手続き

● 遺言によって相続分や遺産分割方法を指定できる

　遺言（遺言書）によって、法定相続分と異なる相続分を指定することや遺産分割の方法を定めることが認められています。遺言でこれらを定めた場合、民法に規定されている法定相続分や遺産分割の方法の定めに優先されます。つまり、法律によって定められている相続分や遺産分割方法とは異なる内容を遺言によって定めることができるのです。遺言書が存在する場合、このような相続分や遺産分割の方法について定められている可能性がありますが、遺言書が存在するからといって直ちに遺言書に書かれている事項について法律上の効力が生じるわけではなく、一定の手続が必要となります。また、そもそも遺言書が民法に定められた方式でなされていなければ効力は生じません。

● 遺言の方式

　遺言の方式については民法に厳格に規定されており、その方式を欠いている場合には、原則として遺言は無効となります。

　一般的な遺言の方式として、以下のように、自筆証書遺言、秘密証書遺言、公正証書遺言があり、その他に特別の方式の遺言があります。

1　自筆証書遺言

　遺言者自身が、①遺言の内容となる全文、②日付、③氏名をすべて自書し、押印することによって行う遺言です。他人による代筆やワープロで作成したものは無効です。簡単で費用もかかりませんが、遺言書の保管が不適切である場合には紛失や偽造・変造の危険があります。

　このような紛失や偽造・変造の危険を防止するため、「法務局における遺言書の保管等に関する法律」によって自筆証書遺言の保管制度

が設けられ、法務局で自筆証書遺言を保管してもらうことができます。

2　公正証書遺言

遺言者が、①証人2人以上の立会いの下、②公証人に対して遺言の趣旨を口述し、③これを公証人が筆記し、遺言者と証人に読み聞かせ、または閲覧させて、④筆記が正確であることを遺言者と証人が承認し、⑤各自が署名および押印をし、⑥公証人が①から⑤の方式によって作成されたものである旨を付記して署名・押印することによって行う遺言です。遺言者自身が署名することができない場合、公証人がその理由を付記することで遺言者の署名に代えることができます。なお、立会いが必要な証人には、未成年者や、推定相続人などの利害関係人はなることができません。

公正証書遺言は、遺言者と立会人が署名・押印した「原本」と、遺言者と立会人の署名・押印が省略された「正本」が作成され、原本は公証役場において厳重に保管され、正本は遺言者に交付されます。

公正証書遺言のメリットとしては、原本が公証役場で保管されるため、紛失や偽造・変造の危険がないことや、公証人という専門家が作成に関わるため方式の不備により遺言書が無効となる心配がないという点が挙げられます。一方で、公証人や証人が必要となることから、費用や手間がかかり、自筆証書遺言のように簡単に作成することはできません。

3　秘密証書遺言

遺言書が、①自筆、または代筆やワープロによって作成した遺言証書に署名と押印をし、②遺言証書に使用した印章（印鑑）と同一の印鑑によって封印し、③遺言者が公証人1人と証人2人以上の前に封印した遺言証書を提出して、自分の遺言書であることやその筆者の氏名・住所を申述し、④公証人が、遺言証書が提出された日付と遺言者の申述を封紙に記載した上で、遺言者と証人とともに署名と押印をすることによって行う遺言です。

秘密証書遺言は、遺言の内容を秘密にしておくことができ、また、遺言者自身が自筆で作成する必要はないというメリットがありますが、遺言証書は公証役場では保管してもらえず、遺言者が保管することになります。そのため、紛失の危険がありますし、作成の手間もかかります。

4　特別方式の遺言

　これまでに述べた一般的な方式の遺言の他、急病などで、死期が迫っている場合の「死亡危急者の遺言」、船舶が遭難して死が迫っている場合の「船舶遭難者の遺言」や、「伝染病隔離時の遺言」「在船時の遺言」など、特別な方式の遺言があります。

◉「公正証書遺言」以外の遺言書は検認が必要である

　遺言書の検認とは、一種の証拠保全手続きであり、家庭裁判所が遺言の存在と内容を認定するための手続きです。遺言書が遺言者の作成によるものであることをよく確認し、偽造や変造を防いで保存を確実にすることができます。

　自筆証書遺言と秘密証書遺言による遺言書は、家庭裁判所による検認が必要となります。これに対し、公正証書遺言および法務局で保管されている自筆証書遺言については、検認は必要ありません。

　検認をするためには、家庭裁判所に備え付けられている「遺言書検認申立書」（**書式7**）に「相続人等目録」を添付して提出します。検認には相続人や代理人の立ち会いが必要です。なお、検認を受けるためには、以下のような条件を満たす必要があります。

① 　申立人は、遺言書の発見者か保管者であること
② 　申立てに必要な「申立人の戸籍謄本」「遺言者の除籍謄本」「相続人全員の戸籍謄本」「受遺者の戸籍謄本」と印鑑を用意すること
③ 　申立ては、相続開始後できるだけ速やかに行うこと

　検認の申立てをすると、家庭裁判所から、相続人と利害関係者に、

検認期日が通知されますので、検認当日に保管者が遺言書を持っていきます。相続人、代理人、利害関係者の立ち会いの下、遺言の内容が確認されると、検認調書が作成されます。

また、当日立ち会わなかった関係者には、後日、検認の結果についての通知が郵送されます。

検認の手続きを経ても内容の正当性が判断されるわけではありませんから、不服がある場合は、裁判で争うこともできます。

なお、遺言書を発見した相続人が、自分に有利になるように削除や書き換え、隠ぺいなどの不正行為を行った場合は、相続人としての地位が失われます。また、遺言書を提出しなかったり、検認以前に勝手に遺言を執行したり、検認を受けずに開封していた場合には、5万円以下の過料に処せられますので注意が必要です。

● 遺言執行者が選任されることもある

遺言の内容を実現する「遺言の執行」を確実に行うために、遺言執行者が選任されることがあります。遺言執行者は、相続手続に関する一切の権限を有し、法律的な財産管理、執行の権限を持っています。遺言に、①非嫡出子の認知（届出手続きが必要）、②相続人の廃除とその取消し（家庭裁判所へ申立て）のような事項が指定されている場合は、必ず遺言執行者を選ばなければなりません。

遺言執行者選任の申立てを行う事ができるのは相続人、受遺者などの利害関係人です。申立先は相続開始地の家庭裁判所になります。添付書類は戸籍謄本です。

書式7　遺言書の検認の申立書 ·····························

受付印	家 事 審 判 申 立 書　事件名（　遺言書の検認　）

（この欄に申立手数料として1件について800円分の収入印紙を貼ってください。）

印

紙

（貼った印紙に押印しないでください。）

（注意）登記手数料としての収入印紙を納付する場合は、登記手数料としての収入印紙は貼らずにそのまま提出してください。

収 入 印 紙	円
予納郵便切手	円
予納収入印紙	円

準口頭		関連事件番号　平成・令和　　　年（家　　）第　　　　　　　号

○○ 家 庭 裁 判 所　　　御 中 令和 ○ 年 ○ 月 ○ 日	申 立 人 （又は法定代理人など） の 記 名 押 印	甲 野 一 郎　　㊞

添付書類	（審理のために必要な場合は，追加書類の提出をお願いすることがあります。）

申 立 人	本　　籍 （国　籍）	（戸籍の添付が必要とされていない申立ての場合は，記入する必要はありません。） ○○ 都道府県 ○○市○○町○丁目○番地
	住　　所	〒 ○○○－○○○○　　　　　電話 ○○○（○○○○）○○○○ ○○県○○市○○町○丁目○番○号 （　　　　　　方）
	連 絡 先	〒　　　－　　　　　　　　　電話　　　（　　　　　） （　　　　　方）
	フリガナ 氏　　名	コウノ　イチロウ 甲野 一郎	昭和・平成・令和 ○ 年 ○ 月 ○ 日生 （　○○ 歳）
	職　　業	会社員

※ 遺 言 者	本　　籍 （国　籍）	（戸籍の添付が必要とされていない申立ての場合は，記入する必要はありません。） ○○ 都道府県 ○○市○○町○丁目○○番地
	最後の 住　　所	〒　　　－　　　　　　　　　電話　　　（　　　　　） 申立人の住所と同じ （　　　　　方）
	連 絡 先	〒　　　－　　　　　　　　　電話　　　（　　　　　） （　　　　　方）
	フリガナ 氏　　名	コウノ　タロウ 甲野 太郎	昭和・平成・令和 ○ 年 ○ 月 ○ 日生 （　○○ 歳）
	職　　業	

（注）　太枠の中だけ記入してください。
※の部分は，申立人，法定代理人，成年被後見人となるべき者，不在者，共同相続人，被相続人等の区別を記入してください。

別表第一－（ 1/　　）

申　立　て　の　趣　旨

遺言者の自筆証書による遺言書の検認を求めます。

申　立　て　の　理　由

1　申立人は，遺言者から，平成〇年〇月〇日に遺言書を預かり，申立人の自宅金庫に保管していました。

2　遺言者は，令和〇年〇月〇日に死亡しましたので，遺言書（封印されている）の検認を求めます。なお，相続人は別紙の相続人目録のとおりです。

別表第一（　　/　　）

（別紙）

※ 相 続 人	本　籍	(戸籍の添付が必要とされていない申立ての場合は，記入する必要はありません。) ○○ 都道 府県 ○○市○○町○丁目○番地	
	住　所	〒○○○-○○○○ ○○県○○市○○町○番○号 ○○アパート○○号室 （　　　　　　　方）	
	フリガナ 氏　名	コウノ　　ジロウ 甲野　次郎	大正 昭和 ○年 ○月 ○日生 平成 令和 （　　○　　歳）
※ 相 続 人	本　籍	(戸籍の添付が必要とされていない申立ての場合は，記入する必要はありません。) ○○ 都道 府県 ○○郡○○町○○××番地	
	住　所	〒○○○-○○○○ ○○県○○郡○○町○○××番地 （　　　　　　　方）	
	フリガナ 氏　名	オツノ　　ハナコ 乙野　花子	大正 昭和 ○年 ○月 ○日生 平成 令和 （　　○　　歳）
※	本　籍	(戸籍の添付が必要とされていない申立ての場合は，記入する必要はありません。) 都道 府県	
	住　所	〒　　- （　　　　　　　方）	
	フリガナ 氏　名		大正 昭和 年 月 日生 平成 令和 （　　　　歳）
※	本　籍	(戸籍の添付が必要とされていない申立ての場合は，記入する必要はありません。) 都道 府県	
	住　所	〒　　- （　　　　　　　方）	
	フリガナ 氏　名		大正 昭和 年 月 日生 平成 令和 （　　　　歳）

（注）　太枠の中だけ記入してください。　※の部分は，申立人，相手方，法定代理人，不在者，共同相続人，被相続人等の区別を記入してください。

（　/　）

⑨ 遺留分とは

● 遺留分とは何か

　遺留分とは、兄弟姉妹以外の相続人に保障された、最低限の相続分のことです。遺言による相続分の指定や遺贈、贈与は、被相続人（遺言者）が自由に行うことができますが、被相続人が全財産を他人に譲渡してしまうと、残された相続人の生活保障や相続への期待が裏切られてしまいます。そこで、弟姉妹以外の相続人には、遺留分として、一定の割合の相続分が保障されています。遺留分を有する相続人のことを遺留分権利者といいます。

　遺留分権利者の全体の遺留分（総体的遺留分といいます）は、直系尊属だけが相続人の場合は相続財産の総額の3分の1、それ以外の場合は2分の1です。

● 遺留分の算定方法

　遺留分は、遺留分の計算の基礎となる財産の価額に一定の割合を乗ずることによって算定されます。

・遺留分の基礎となる財産の価額遺留分の算定の基礎となる財産の価額は、相続開始時点の被相続人の積極財産の価額に、贈与した財産の価額（相続開始前の1年間にした贈与および相続開始前の10年間にした特別受益に該当する贈与（181ページ）に限られます。ただし、贈与者・受贈者の双方が遺留分権利者に損害を与えることを知ってなされた贈与については、このような期間制限はなく、ここでいう贈与した財産の価額に含まれます）を加算して、相続開始時点の被相続人の消極財産（債務）を差し引いた額になります。

・遺留分の算定

この遺留分の基礎となる財産の価額に、前述した相対的遺留分（2分の1または3分の1）を乗じた上で、さらに各自の法定相続分を乗じて、各遺留分権利者の具体的な遺留分（個別的遺留分といいます）が算定されます。

● 遺留分の侵害と遺留分侵害額請求権

遺留分を侵害する贈与や遺贈が行われた場合、遺留分権利者は、贈与や遺贈を受けた相手方に対して、遺留分侵害額に相当する金銭の支払いを請求することができます。この権利を。遺留分侵害額請求権といいます。

遺留分侵害額は遺留分額から、①遺留分権利者が受けた遺贈や特別受益に該当する贈与の額と②その遺留分権利者が相続によって得ることになる財産の価額を差し引いた上で、③その遺留分権利者が承継する相続債務の額を加えることによって算定されます。たとえば、217ページの図の妻Bが100万円の遺贈または特別受益に該当する生前贈

■ ケース別でみる遺留分 ‥‥‥‥‥‥‥‥‥‥‥‥‥‥‥‥‥‥‥‥‥

	配偶者	子	直系尊属	兄弟姉妹
①配偶者と子がいる場合	$\left(\dfrac{1}{4}\right)$	$\left(\dfrac{1}{4}\right)$		
②子だけがいる場合		$\left(\dfrac{1}{2}\right)$		
③配偶者と父母がいる場合	$\left(\dfrac{1}{3}\right)$[※1]		$\left(\dfrac{1}{6}\right)$[※2]	
④父母だけがいる場合			$\left(\dfrac{1}{3}\right)$	
⑤配偶者だけがいる場合	$\left(\dfrac{1}{2}\right)$			
⑥配偶者と兄弟姉妹がいる場合	$\left(\dfrac{1}{2}\right)$			（0）
⑦兄弟姉妹だけがいる場合				（0）

※1　1/2（総体的遺留分）×2/3（配偶者の法定相続分）＝1/3
※2　1/2（総体的遺留分）×1/3（直系尊属の法定相続分）＝1/6

与を受けていた場合、遺留分侵害額は400万円であり、遺留分侵害額請求権の行使によって400万円の支払いを請求することができます。

　なお、遺留分侵害額請求権を行使しても、贈与や遺贈自体の効力には影響はありません。

● 遺留分侵害額請求権の行使について

　遺留分侵害額請求権は、受遺者や受贈者に対して意思表示をすることによって行使します。遺留分侵害額請求権は、①遺留分権利者が、相続の開始および遺留分を侵害する贈与または遺贈があったことを知った時から１年間行使しないとき、または②相続開始の時から10年を経過したときは、時効によって消滅します。

　遺留分侵害額請求権を行使する権利者は、相手方に対して権利行使の意思表示をする必要があります。時効による請求権の消滅を防ぐため、配達証明付内容証明郵便で請求するのが一般的です。そして、交渉が困難な場合は、家庭裁判所の調停や訴訟を通じて請求することになります。なお、遺留分侵害額請求を受けた者がすぐに金銭を支払えないなどの場合、受遺者または受贈者からの請求があれば、家庭裁判所は、支払いの全部または一部について相当の期限を与えることができます。

■ 遺留分侵害額請求権の行使の例 ……………………………………

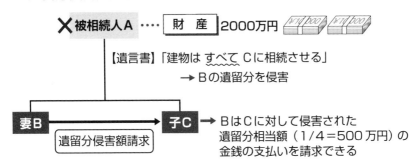

遺留分侵害額請求権が行使された場合、支払債務を負担する者の順序については、①受遺者と受贈者がいる場合、まず、受遺者が先に負担します。それでも不足しているときは次に受贈者が負担します。②受遺者が複数、または受贈者が複数の場合であって、贈与が同時にされたときは、遺言者が遺言でとくに指定した場合を除いて、受遺者または受贈者がその目的の価額の割合に応じて負担します。③受贈者が複数いる場合（②の場合を除きます）は、後の贈与を受けた受贈者から、順次、前の贈与を受けた受贈者が負担します。

● 遺留分を放棄することもできる

　遺留分権利者は、相続の開始前、つまり被相続人の生存中に、あらかじめ遺留分を放棄することができますが、この場合、家庭裁判所の許可が必要になります。

　どのような場合に相続開始前に遺留分の放棄を行うのかというと、たとえば、ある人が生存中に、自分が死んだ場合に配偶者に財産のほとんどを相続できるようにしたいと思った場合が挙げられます。遺留分を有する相続人になる見込みの人（推定相続人）たちに遺留分を放棄してもらえば、遺留分侵害額請求をされる心配はなくなるからです。

　相続開始前にあらかじめ遺留分を放棄するためには、家庭裁判所に「遺留分放棄の許可の申立書」（**書式9**）を提出する必要があります。申立書が提出されると、家庭裁判所は、遺留分の放棄が遺留分権利者の自由な意思によるものなのかどうかや、放棄する理由、代償の有無などを総合的に考慮して、遺留分の放棄を許可すべきであると判断すれば、遺留分放棄の許可の審判を行います。

　これに対し、相続が開始した後は、遺留分権利者は遺留分を自由に放棄することができます。

　なお、共同相続人の1人が遺留分の放棄をしても、他の共同相続人の遺留分には影響はありません。

書式8　遺留分侵害額の請求調停の申立書 ·················

受付印	**家 事 審 判 申 立 書　事件名（遺留分侵害額の請求）**
	（この欄に申立手数料として1件について800円分の収入印紙を貼ってください。） 印 紙 （貼った印紙に押印しないでください。） （注意）登記手数料としての収入印紙を納付する場合は，登記手数料としての収入印紙は貼らずにそのまま提出してください。

収入印紙	円
予納郵便切手	円
予納収入印紙	円

準口頭	関連事件番号　平成・令和　　　年（家　　　）第　　　　　　　号

○○　家庭裁判所 　　　　　　御中 令和○年○月○日	申　立　人 （又は法定代理人など） の　記 名 押 印	甲 野 太 一　㊞

添付書類	（審理のために必要な場合は，追加書類の提出をお願いすることがあります。） 戸籍（除籍・改正原戸籍謄本・全部事項証明書）○通、不動産登記事項証明書　○通 固定資産評価証明書　○通、残高証明書　○通、遺言書写し

申 立 人	本　　籍 （国　籍）	（戸籍の添付が必要とされていない申立ての場合は，記入する必要はありません。） 　　　　都　道 　　　　府　県
	住　　所	〒○○○－○○○○　　　　　　　電話　○○○（○○○○）○○○○ ○○県○○市○○町○番○号 （　　　　　　　　方）
	連 絡 先	〒　　　－　　　　　　　　　　電話　　　（　　　　　） （　　　　　　　　方）
	フリガナ 氏　　名	コウノ　　　タイチ 甲 野 太 一	⃝昭和 平成　○年○月○日生 令和　　　　（　○○歳）
	職　　業	

※ 遺 言 者	本　　籍 （国　籍）	（戸籍の添付が必要とされていない申立ての場合は，記入する必要はありません。） 　　　　都　道 　　　　府　県
	最後の 住　　所	〒○○○－○○○○　　　　　　　電話　　　（　　　　　） ○○県○○市○○町○番○号 （　　　　　　　　方）
	連 絡 先	〒　　　－　　　　　　　　　　電話　　　（　　　　　） （　　　　　　　　方）
	フリガナ 氏　　名	コウノ　　　ジロウ 甲 野 二 郎	⃝昭和 平成　○年○月○日生 令和　　　　（　　　歳）
	職　　業	

（注）　太枠の中だけ記入してください。
※の部分は，申立人，法定代理人，成年後見人となるべき者，不在者，共同相続人，被相続人等の区別を記入してください。
別表第一（1/　　　）

申 立 て の 趣 旨

　相手方は、申立人に対し、遺留分侵害額に相当する金銭を支払う
との調停を求めます。

申 立 て の 理 由

　被相続人甲野太郎（本籍○○県○○市○○町○丁目○番地）は、
令和○年○月○日に死亡し、相続が開始しました。相続人は、被
相続人の子である申立人と相手方です。

　被相続人は、遺産のすべてを相手方に遺贈する旨の平成○年○
月○日付け自筆証書による遺言書（令和○年○月○日検認済み）
を作成しています。

　被相続人の遺産は、別紙遺産目録記載のとおりであり、負債は
ありません。

　申立人は、相手方に対し、上記遺贈が申立人の遺留分を侵害す
るものであることから、令和○年○月○日到着の内容証明郵便に
より，遺留分侵害額請求権を行使する旨の意思表示をしましたが、
相手方は金銭の支払についての話し合いに応じようとしないため、
申立ての趣旨のとおりの調停を求めます。

財　産　目　録　（土　地）

番号	所　　　　　在	地　番	地　目	面　積	備　考
1	○○県○○市○○町	番 ○　○	宅　地	平方メートル 160 ┊ 00	建物1の 敷地

財　産　目　録　（建　物）

番号	所　　　　　在	家屋番号	種類	構　造	床面積	備　考
1	○○県○○市○○町 ○番○地	○○	居宅	木造瓦葺 平家建	平方メートル 85 ┊ 00	

財　産　目　録　（現金，預・貯金，株式等）

番号	品　　　目	単位	数量（金額）	備　考
1	○○銀行○○支店定期預金 （口座番号○○-○○○）		2,000,000円 （令和○年○月○日 （相続開始日）残高）	通帳は 相手方が保管
2	○○株式会社　株式	40円	3,000株	○○証券 ○○支店扱い 令和○年○月○日 （相続開始日）終値

書式9　遺留分放棄の許可の申立書 ･･････････････････････････

<table>
<tr><td rowspan="2">受付印</td><td colspan="2">家 事 審 判 申 立 書　事件名（遺留分放棄の許可）</td></tr>
<tr><td colspan="2">（この欄に申立手数料として1件について800円分の収入印紙を貼ってください。）

印
紙

（貼った印紙に押印しないでください。）
（注意）登記手数料としての収入印紙を納付する場合は，登記手数料としての収入印紙は貼らずにそのまま提出してください。</td></tr>
</table>

収入印紙	円
予納郵便切手	円
予納収入印紙	円

| 準口頭 | | 関連事件番号　平成・令和　　　年（家　　　）第　　　　　　　　号 |

| ○○　家庭裁判所
　　　　　　御中
令和○年○月○日 | 申 立 人
（又は法定代理人など）
の 記 名 押 印 | 甲 野 杉 男　㊞ |

| 添付書類 | （審理のために必要な場合は，追加書類の提出をお願いすることがあります。） |

<table>
<tr><td rowspan="6">申
立
人</td><td>本　籍
(国　籍)</td><td>（戸籍の添付が必要とされていない申立ての場合は，記入する必要はありません。）
○○　都道
　　　府県　　○○市○○町○丁目○番地</td></tr>
<tr><td>住　所</td><td>〒○○○ － ○○○○　　　　　　　　電話　○○○ (○○○○) ○○○○
○○県○○市○○町○丁目○番○号
（　　　　　　　　方）</td></tr>
<tr><td>連絡先</td><td>〒　　　－　　　　　　　　　　　電話　　　（　　　）
（　　　　　　　　方）</td></tr>
<tr><td>フリガナ
氏　名</td><td>コウノ　　スギオ
甲野 杉男　　　　昭和・平成・令和　○年○月○日生
（　○○　歳）</td></tr>
<tr><td>職　業</td><td>会社員</td></tr>
</table>

<table>
<tr><td rowspan="6">※

被
相
続
人</td><td>本　籍
(国　籍)</td><td>（戸籍の添付が必要とされていない申立ての場合は，記入する必要はありません。）
○○　都道
　　　府県　　○○市○○町○丁目○番地</td></tr>
<tr><td>住　所</td><td>〒○○○ － ○○○○　　　　　　　　電話　　　（　　　）
○○県○○市○○町○丁目○番○号
（　　　　　　　　方）</td></tr>
<tr><td>連絡先</td><td>〒　　　－　　　　　　　　　　　電話　　　（　　　）
（　　　　　　　　方）</td></tr>
<tr><td>フリガナ
氏　名</td><td>コウノ　　タロウ
甲野 太郎　　　　昭和・平成・令和　○年○月○日生
（　○○　歳）</td></tr>
<tr><td>職　業</td><td>無職</td></tr>
</table>

（注）　太枠の中だけ記入してください。
※の部分は，申立人，法定代理人，成年被後見人となるべき者，不在者，共同相続人，被相続人等の区別を記入してください。
別表第一（1/　　）

222

申　立　て　の　趣　旨

　被相続人甲野太郎の相続財産に対する遺留分を放棄することを許可する旨の審判を求めます。

申　立　て　の　理　由

1　申立人は、被相続人の長男です。

2　申立人は、以前、自宅を購入するに際し、被相続人から多額の資金援助をしてもらいました。

　　また、会社員として稼働しており、相当の収入があり、生活は安定しています。

3　このような事情から、申立人は、被相続人の遺産を相続する意思がなく、相続開始前において遺留分を放棄したいと考えますので、申立ての趣旨のとおりの審判を求めます。

別表第一（　　／　　）

財　産　目　録　（土　地）

番号	所　　在	地　番	地目	面　積		備　考
1	○○市○○町○丁目	番 ○ ┊ ○	宅　地	平方メートル 150	00	建物1の 敷地

財　産　目　録　（建　物）

番号	所　　在	家屋 番号	種類	構　造	床　面　積		備　考
1	○○市○○町○丁目 ○番地	○○	居宅	木造瓦葺 平家建	平方メートル 90	00	土地1上 の建物

財　産　目　録　（現金, 預・貯金, 株式等）

番号	品　　目	単　位	数　量（金　額）	備　考
1	預貯金		約2570万円	

遺産と遺産分割

● 遺産と遺産分割について

遺産とは、被相続人が死亡時に残した、相続の対象となる財産（相続財産）です。相続人が複数いる場合、相続が開始すると、相続財産である遺産を複数の相続人が相続している状態となります。このような状態を共同相続といい、複数の相続人のことを共同相続人といいます。共同相続では、相続開始と同時に共同相続人は遺産を共有することになります。

遺産分割は、このような共同相続人が共有する遺産について、共同相続人の間において何をどのように帰属させるかを決定する手続きです。遺産分割の手続きは、共同相続人の間で協議をする「遺産分割協議」によって行われます。遺産分割協議が調わない場合は、家庭裁判所の審判によって遺産が分割されます。

● 相続財産である遺産にはどのようなものがあるのか

相続財産である遺産は、ⓐ現金、不動産、動産、債権、株などプラスの財産（積極財産）と、ⓑ借金、保証債務、買掛金、預かり品の返還義務などのマイナスの財産（消極財産）で構成されています。

被相続人が遺言をする場合や、相続人が遺産分割協議を行う場合に、遺産の具体的な内容を明確にするために、資産と債務を個別に書き出した相続財産目録（遺産目録）を作成することがあります。

相続財産目録には、以下のような資産を記載します。

① **現金・預貯金・手形・小切手・株式・生命保険等**

現金については、被相続人が手元で保管している金額を記載します。銀行の預貯金については、通帳を見ながら、銀行名、支店名、口座の

種類、口座番号、金額、名義人などを記載します。貸金などの債権については、債務者の氏名、貸付日、返済期限、利率などを記載します。手形や小切手、などについては、発行人、種類、番号、金額などを記載します。

株式については、残高証明書などを参考に、証券会社、株式番号、数量（保有株式の数）、名義人などを記載します。投資信託についても同じような要領で記載します。

生命保険等については、保険契約証書などを参考に、保険の種別、保険会社名、保険金額、保険掛金（月額）、契約者、受取人などを記載します。

② **不動産**

登記事項証明書や固定資産評価証明書を参考にして、土地については、所在・地番、地目、地積、名義などを、建物については、所在・家屋番号、種類、床面積、名義などを記載します。

③ **負債**

負債については、契約書やローンの償還標などを参考に、借入金や住宅ローン・カードローン、保証債務などの種別、支払いまたは返済をする相手の氏名・名称、残額、毎月の返済額、関西予定年月日などを記載します。

■ **遺産の内容** ……………………………………………………

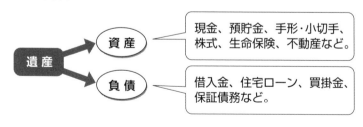

遺産分割の内容と方法等

● 遺産分割の流れ

　遺産分割は、まずは相続人等の間での協議によって行われます（協議分割）。この協議が調わない場合は、家庭裁判所の審判または調停によって遺産分割が行われます（審判分割、調停分割）。

　また、被相続人は、遺言によって遺産分割の方法を指定することができ、または第三者に遺産分割方法の指定を委託することができます（指定分割）。遺言による分割方法の指定は、遺産全体について、後述する現物分割や換価分割などのうち、どのような方法によって行うべきかという指定をすることができますが、現実には、「特定の遺産を相続人のうちの１人に取得させて、残りの遺産を他の相続人の間で分けさせる」、という内容の遺言が多くなされています。

　遺言による分割方法の指定がなされた場合は、この指定が最優先され、指定に従った遺産分割が行われることになります。ただし、遺産分割の方法の指定がある場合でも、遺言執行者が存在しない場合には、共同相続人の全員の協議による協議分割によって、遺言によって指定された内容と異なる分割をすることができます。

● 遺産分割の方法には４つある

　共同相続人が遺産分割をする方法としては、現物分割、代償分割、換価分割、共有分割の４つがあります。

① 現物分割

　現物分割とは、遺産を現物のまま共同相続人間で配分する方法です。「○○区○○所在の建物は配偶者が相続したい」「○○株式会社の株式は長男が相続したい」というように、各相続人について承継した

い相続財産が決まっているような場合や、財産の形を変えたくない場合（現金に換価したくない場合）などは、現物分割が有効な方法です。現物分割では、「配偶者が不動産Aの所有権を承継する」「次女が○○株式会社の株式すべてを承継する」などのように分割します。

② 代償分割

代償分割とは、共同相続人の1人または数人が価値の高い遺産の現物を相続し、現物を相続した共同相続人が他の共同相続人の相続分に相当する超過分を現金で支払う方法です。これは、遺産の大部分が現在も稼動中の工場や農地である際に、後継者に対しそれらをすべて相続させたい場合などに有効な方法です。

代償分割は、現物を相続する相続人に一定の資産（支払能力）がないと実行できませんので、代償分を支払うだけの資産がない場合には向いていません。なぜなら、ほとんどの遺産を相続した相続人は、相続分よりも多く受け取った分を、自分の資産で他の相続人に支払わなければならないからです。

この支払いは一括払いが原則ですが、分割払いとする方法もあります。分割払いとする場合は、現物を相続する相続人の支払能力の有無を見極めなければなりません。審判による遺産分割では、支払能力があると認められた場合に限り、分割払いによる代償分割が認められます。一方、遺産分割協議で合意に至れば、分割払いによる代償分割は何ら問題がありません。実際には、農地、作業場、商店など、細分化が適当でない資産について、代償分割による遺産分割が行われることはよくあります。

③ 換価分割

換価分割（価額分割）とは、遺産の一部または全部を売却して現金に換え（換価）、その現金を相続分に応じて各相続人に配分する方法です。耕作中の畑など現物分割が適当でない場合、または現物分割をすると価値が下がる場合で、かつ代償分割も無理なときは換価分割をします。

実際の換価方法は、財産を任意に売却して換金するのですが、家庭裁判所に申し立てて換価してもらうこともできます。ただし、土地や建物を売却すると、相続人全員に「譲渡による所得税と住民税」が課税されるため、その分は目減りしてしまうことに注意しましょう。

④　共有分割

　共有分割とは、遺産の一部または全部を共同相続人全員が共同で所有（共有）する方法です。たとえば、不動産の共有分割をする場合は、基本的に登記手続きだけですむという利点があります。しかし、共有名義の不動産を売却する際に、共有者全員の同意が必要になるなど、不動産の共有は単独の所有に比べてさまざまな制約を受けるので、共有者間の調整に困難が生じることが多いといえます。

● 遺産の一部についての分割も可能

　遺産の全部を一度に分割することを全部分割といいます。これに対して、遺産の一部を先に分割し、残りを未分割の状態のままにしておくことを一部分割といいます。たとえば、遺産の中に複数の不動産や預貯金などが含まれている場合に、そのうちの一部の不動産や預貯金だけを遺産分割するといったケースがあります。また、遺産分割協議の成立後に新たな遺産が発見された場合、その遺産を分割することも一部分割となります。

　遺産はすべてを一度に分割することが理想的ですが、遺産の範囲について相続人間で争いがあり、その確定を待っていては生活資金が確保できず、生活に困窮する相続人が存在することもあります。そのため、遺産の一部分割が認められているのです。

　共同相続人の間で一部分割の協議が調わない場合には、家庭裁判所に対し、一部分割の調停や審判を請求できます。しかし、一部分割をすることにより他の共同相続人の利益を害するおそれがある場合は、一部分割の請求は認められません。

⬤ 遺産分割を一定期間禁止することもできる

共同相続人は、相続開始後に、いつでも協議によって遺産を分割することができるのが原則ですが、次のような場合には、一定の期間、遺産の分割を禁止することができます。

① **遺言による分割の禁止**

被相続人が、遺言によって、遺産の一部または全部の分割を禁止している場合は、遺産分割が禁止されます。ただし、遺言による分割禁止期間は5年が上限と定められています。

② **協議による分割の禁止**

相続人全員の合意によって遺産の一部または全部の分割を禁止することもできます。協議による分割禁止の期間も5年が上限と定められています。ただし、遺言による分割の禁止とは異なり、分割禁止期間中であっても相続人全員の合意があれば、遺産分割をすることができます。

③ **審判による分割の禁止**

相続人の資格や遺産の範囲などをめぐり係争中である場合など、相続人の間で遺産分割の禁止について合意することができないときは、家庭裁判所に遺産分割禁止の調停を申し立てることになります。調停によっても合意が成立しない場合は、家庭裁判所は一定の期間を定めて、遺産の一部または全部の分割を禁止する審判をすることができます。家庭裁判所による分割禁止の期間も5年が上限です。

⬤ 遺産分割の効力

遺産分割協議が成立した場合や遺産分割審判が行われた場合、遺産についての帰属が確定します。遺産分割の効力は、相続開始の時にさかのぼって発生しますが、第三者の権利を害することはできません。

12 遺産分割協議の手続き

● 遺産分割協議の方法

　遺産分割協議は、共同相続人全員（代襲相続人、認知された子も含みます）の参加が必要となる他、包括受遺者や相続分の譲受人の参加も必要となります。これらのうち1人でも協議に参加していなければ、遺産分割協議を行っても無効になります。遺産分割協議は多数決ではなく、相続人全員の合意により成立します。

　また、法定相続分や指定相続分と異なる割合で遺産分割をしても、相続人全員が協議して納得したものであれば問題ありません。遺産分割協議はいったん成立すると、全員の同意がない限りやり直しはできませんので注意しましょう。また、税務上は全員の同意があってもやり直しは否認されます（相続税の更正が認められません）。

● 遺産分割協議書は人数分作成する

　遺産分割協議書は、遺産分割協議によって合意した結果を記載した書類です。遺産分割協議書の作成は法的な義務ではありませんが、後日の争いを避けるための証拠として作成しておくべきです。たとえば、特定の遺産が他の相続人の所有物になる代わりに金銭を受け取るような場合に、遺産分割協議書の記載が重要な意味をもちます。また、相続による不動産の登記手続きや相続税の申告の際などには、遺産分割協議書の添付が必要です。

● 遺産の目録（相続財産目録）を作成する

　遺産分割協議をする際には、通常、遺産の内容を明確にするための目録（相続財産目録）を作成します。相続財産目録は、遺産分割を円

滑かつ公平に行うために重要なものですから、正確に作成します。作成のポイントは以下のとおりです。

① 誰が何をどれだけ相続するのかを明確に記します。

② 誰が目録外の何を代償として、誰にいつまでに支払うのかを記します。あわせて支払がない場合の措置も記します。

③ 第三者に対する遺贈がある場合は、誰がどの程度負担し、どのように処理するかを明記します。

④ 書式は自由です。遺言書ではないので、署名以外についてはワープロで作成した文書でもかまいません。

⑤ 住所については、住民票や印鑑証明書に記載されているとおりに記載します。不動産の所有権移転登記などの法的手続きのために必要になります。

⑥ 土地や建物などの不動産の所在、地番、構造などは、登記事項証明書に記載されているとおりに記載します。

⑦ 預貯金、預り金、株式などは、事前に金額や数を確認します。また、遺産分割協議書に押印するのと同時に、金融機関の請求書など専用書類にも押印し、受領者を確定させます。

⑧ 遺産分割協議書には、上記の事項以外の特記事項を記入してもかまいませんが、後から問題にならないように、それが法的にどんな意味をもつのか明確にしておきましょう。

⑨ 相続人全員が署名し、印鑑証明書を添付します。押印は印鑑証明を受けた実印で行います。署名はサイン（自筆）でも記名でも有効ですが、法的手続きのためには実印で押印する必要があります。作成枚数は、少なくとも遺産分割の参加者の人数分が必要です。

⑩ 相続登記の手続きの際に提出する場合は、遺産分割協議書に印鑑証明書の添付が必要です。

● 遺産分割協議の成立後の手続き

遺産分割が確定して各相続人に帰属する財産が確定しても、その後の手続きが必要です。不動産は所有権移転登記が必要ですし、動産は他人が所持していれば引き渡してもらわなければなりません。また、銀行預金、株式などについては名義変更を行うことになります。名義変更自体は義務ではありませんが、名義変更をしなければその財産の新しい所有者になったことを客観的に証明できません。期限は定められていませんが、その後の各種手続きをできるだけスムーズに進めるためには、早めにしておいた方がよいでしょう。

書類に不備がなければ、実印が押された遺産分割協議書に印鑑証明書を添付して登記申請手続きを行うことができます。ただ、遺産分割の確定後に、不動産の名義変更に必要な書類等への押印を拒む相続人がいる場合、調停や訴訟を通じて名義変更手続きを求めることになります。遺産分割協議書が確実に作成されていれば、訴訟や調停での手続きは簡単です。

● 遺産分割協議のやり直し

相続人全員の合意に基づく遺産分割協議は、いったん成立すれば契約と同様に法的拘束力が生じ、一方的にやり直しを主張することはできなくなります。ただし、遺産分割協議に参加した当事者全員の合意によって、遺産分割協議の全部または一部を解除し、改めて協議を行って成立させることはできます。これに対して、特定の相続人が一定の行為（義務）をすることを前提として遺産分割協議が行われたのにもかかわらず、その者が義務を履行しないという場合であっても、債務不履行を理由として遺産分割協議を解除することはできません。

この他に、相続人でない者を加えて遺産分割協議を行った場合には、分割協議は無効です。

意思表示の無効や取消しを定める民法総則の規定は、遺産分割協議

にも適用されます。たとえば、分割協議において錯誤や詐欺、強迫があった場合には、遺産分割協議の取消しが認められます。

　なお、遺産分割協議から漏れた遺産がある場合には、従来の協議を有効としたままで、その漏れた遺産について別の分割協議をすることになります。

● 相続の開始後に相続人となった者がいる場合と遺産分割

　相続の開始後に、遺言による認知や死後認知の訴えなどによって相続人となった者がいる場合は、すでに他の共同相続人によって遺産分割が行われてしまったときは、遺産分割は無効とはならず、認知によって相続人となった者は、相続分に相当する価額の支払いを請求できるだけです。ただし、本来相続人になり得なかった人（被相続人の親や兄弟姉妹）が遺産を取得していた場合、認知によって相続人となった者から遺産分割を請求されたときは、その取得した遺産を返還する必要があります。

■ 遺産分割協議の流れ

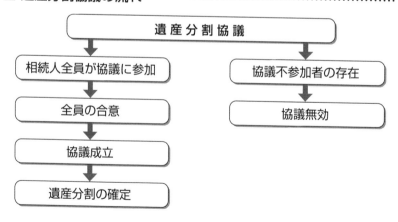

書式10　遺産分割調停の申立書·······························

受付印	遺産分割	☑ 調停 □ 審判	申立書

（この欄に申立て1件あたり収入印紙1，200円分を貼ってください。）

（貼った印紙に押印しないでください。）

収入印紙	円
予納郵便切手	円

東京 家庭裁判所 御 中 令和 1 年 5 月 9 日	申 立 人 （又は法定代理人など） の記名押印	伊 藤 清　㊞

準口頭

添付書類	（審理のために必要な場合は，追加書類の提出をお願いすることがあります。） ☑ 戸籍（除籍・改製原戸籍）謄本（全部事項証明書）　合計 4 通 □ 住民票又は戸籍附票　合計　　通　　　□ 不動産登記事項証明書　合計　　通 ☑ 固定資産評価証明書　合計 5 通　　　☑ 預貯金通帳写し又は残高証明書　合計 2 通 □ 有価証券写し　合計　　通

当　　事　　者	別紙当事者目録記載のとおり	
被相続人	本　籍 （国　籍）	東京 ㊳都 道 府 県　文京区××○丁目○番地
	最 後 の 住　　所	東京 ㊳都 道 府 県　文京区××○丁目○番○号
	フリガナ 氏　　名	イトウ　タダシ 伊 藤 正	平成29年12月14日死亡

申　立　て　の　趣　旨

被相続人の遺産の分割の　（ ☑ 調停 ／ □ 審判 ）　を求める。

申　立　て　の　理　由

遺産の種類及び内容	別紙遺産目録記載のとおり				
被相続人の債務	□ 有	／	□ 無	／	☑ 不明
☆　特　別　受　益	☑ 有	／	□ 無	／	□ 不明
遺　　　　　　言	□ 有	／	☑ 無	／	□ 不明
遺産分割協議書	□ 有	／	☑ 無	／	□ 不明
申 立 て の 動 機	□ 分割の方法が決まらない。 □ 相続人の資格に争いがある。 ☑ 遺産の範囲に争いがある。 □ その他（　　　　　　　　　　　　　　　　　　）				

（注）太枠の中だけ記入してください。
　　　□の部分は該当するものにチェックしてください。
　　　☆の部分は，被相続人から生前に贈与を受けている等特別な利益を受けている者の有無を選択してください。「有」を選択した場合には，遺産目録のほかに，特別受益目録を作成の上，別紙として添付してください。

遺産（1/　）

当 事 者 目 録

☑□ 申立人 相手方	本　籍 (国 籍)	東京 ㊞道府県 文京区××○丁目○番地		
	住　所	〒 112-0000 東京都文京区××○丁目○番○号		（　　　方）
	フリガナ 氏　名	イトウ　キヨシ 伊藤　清	大正 ㊞昭和 平成 33年 5月 12日生	（　60　歳）
	被相続人 との続柄	長男		
□☑ 申立人 相手方	本　籍 (国 籍)	東京 ㊞道府県 文京区××○丁目○番地		
	住　所	〒 112-0000 東京都文京区××○丁目○番○号		（　　　方）
	フリガナ 氏　名	イトウ　マキコ 伊藤　真紀子	大正 ㊞昭和 平成 38年 1月 18日生	（　56　歳）
	被相続人 との続柄	長女		
□☑ 申立人 相手方	本　籍 (国 籍)	東京 ㊞道府県 文京区××○丁目○番地		
	住　所	〒 165-0000 東京都中野区××○丁目○番○号		（　　　方）
	フリガナ 氏　名	イトウ　アキオ 伊藤　昭夫	大正 ㊞昭和 平成 39年 6月 28日生	（　56　歳）
	被相続人 との続柄	次男		
□□ 申立人 相手方	本　籍 (国 籍)	都道府県		
	住　所	〒　　-		（　　　方）
	フリガナ 氏　名		大正 昭和 平成 年 月 日生	（　　　歳）
	被相続人 との続柄			
□□ 申立人 相手方	本　籍 (国 籍)	都道府県		
	住　所	〒　　-		（　　　方）
	フリガナ 氏　名		大正 昭和 平成 年 月 日生	（　　　歳）
	被相続人 との続柄			

(注) □の部分は該当するものにチェックしてください。

遺産 （ ／ ）

書式11　遺産に関する紛争調整調停の申立書‥‥‥‥‥‥‥

この申立書の写しは，法律の定めるところにより，申立ての内容を知らせるため，相手方に送付されます。

受付印	家事	☑ 調停 ☐ 審判	申立書　事件名（遺産に関する紛争）

（この欄に申立て1件あたり収入印紙1,200円分を貼ってください。）

印
紙

（貼った印紙に押印しないでください。）

収入印紙	円
予納郵便切手	円

○○　　家庭裁判所 　　　　　　　　御中 令和 ○ 年 ○ 月 ○ 日	申 立 人 （又は法定代理人など） の 記 名 押 印	甲野 一郎　㊞

添付書類	（審理のために必要な場合は，追加書類の提出をお願いすることがあります。）	準 口 頭

申 立 人	本　籍 （国　籍）	（戸籍の添付が必要とされていない申立ての場合は，記入する必要はありません。） 　　　　　　都 道 　　　　　　府 県	
	住　所	〒○○○ － ○○○○ ○○県○○市○○町○番○号 ○○マンション○○○号室 （　　　　　　　方）	
	フリガナ 氏　名	コウノ　イチロウ 甲野 一郎	大正 ㊵和 ○ 年 ○ 月 ○ 日生 平成 令和 （ ○ 歳）
相 手 方	本　籍 （国　籍）	（戸籍の添付が必要とされていない申立ての場合は，記入する必要はありません。） 　　　　　　都 道 　　　　　　府 県	
	住　所	〒○○○ － ○○○○ ○○県○○市○○町○丁目○番○号 （　　　　　　　方）	
	フリガナ 氏　名	テイムラ　ウメコ 丁村 梅子	大正 ㊵和 ○ 年 ○ 月 ○ 日生 平成 令和 （ ○ 歳）

（注）　太枠の中だけ記入してください。

この申立書の写しは，法律の定めるところにより，申立ての内容を知らせるため，相手方に送付されます。

申　立　て　の　趣　旨
別紙物件目録記載の土地・建物が、被相続人亡甲野太郎（本籍 ○○県○○市○○町○○番地、最後の住所は相手方に同じ）の遺 産であることを確認する調停を求めます。

申　立　て　の　理　由
1　　申立人と、相手方とは、被相続人亡甲野太郎の長男と長女で 　あり、被相続人の相続人は、申立人と相手方のみです。被相続 　人は、令和○○年○○月○○日に死亡し相続が開始しました。 2　　被相続人は、亡くなる数年前から認知症になり、亡くなると 　きには自分で財産の管理もできない状態でした。 3　　別紙物件目録記載の土地・建物は、被相続人が亡くなる直前 　に、相手方が被相続人の実印を持ち出し、自己の名義に変更し 　たものであるにもかかわらず、相手方は、これを自己の財産で 　あると主張しています。 4　　そこで、上記土地・建物が被相続人の遺産であることの確認 　を求めるため、この調停を申立てます。

238

財　産　目　録　（土　地）

番号	所　　在	地　番	地目	面　積	備　考
1	○○市○○町○丁目	○ 番 ○	宅　地	平方メートル 150 ¦ 00	建物1の 敷地 評価額 ○○○万円

財　産　目　録　（建　物）

番号	所　　在	家屋番号	種　類	構　造	床　面　積	備　考
1	○○市○○町○丁目 ○番地	○○	居宅	木造瓦葺 平家建	平方メートル 90 ¦ 00	土地1上 の建物 評価額 ○○○万円

13 未成年者である子や胎児がいる場合の遺産分割協議

● 未成年者である子がいるときは特別代理人の選任が必要である

　未成年者である子については、一般的に、親権者である父母が法定代理人として、未成年者の子のために法律行為や財産管理を代理して行います。未成年者である子とその親権者である父や母が共同相続人である場合、遺産分割協議は法律行為であるため、未成年者である子は参加できず、法定代理人である親権者がその子に代わって参加することになります。しかし、遺産分割協議は、親権者である父母と未成年者の子との利益が相反するものであることから、親権者である父母は未成年者を代理して遺産分割協議をすることができず、特別代理人の選任が必要となります。この場合、親権者は、家庭裁判所に対して、未成年者である子の特別代理人の選任を申し立てなければなりません。

　特別代理人の選任の申立書（**書式12**）には、申立ての理由と特別代理人の候補者を記載します。親権者が特別代理人の選任を申し立てずに、遺産分割協議を行った場合は、その分割協議は無効となります。

● 胎児がいるときの遺産分割協議はどうなる

　胎児の遺産分割についてはとくに法律上の定めはなく、胎児を除いて有効に遺産分割を成立させることができるとする考え方や、母が胎児を代理して分割協議をすることができるとする考え方などがあります。

　一般的には、相続人となる胎児が存在し、一定の期間が経てば出産すること等を理由に、胎児が産まれてくるまでは遺産分割協議はできないと考えられています。

書式12　特別代理人の選任の申立書（遺産分割協議）…

<table>
<tr><td rowspan="2" colspan="2">受付印</td><td colspan="2" style="text-align:center">特 別 代 理 人 選 任 申 立 書</td></tr>
<tr><td colspan="2">（この欄に収入印紙800円分を貼ってください。）

（貼った印紙に押印しないでください。）</td></tr>
</table>

収入印紙	円	
予納郵便切手	円	

準口頭		関連事件番号　平成・令和　　年（家　　）第　　　　　　号

東　京 家庭裁判所 御中 令和 ○ 年 ○ 月 ○ 日	申立人の 記名押印	甲 野 乙 男　㊞

添付書類	（同じ書類は1通で足ります。審理のために必要な場合は，追加書類の提出をお願いすることがあります。） □ 未成年者の戸籍謄本（全部事項証明書）　　　□ 親権者又は未成年後見人の戸籍謄本（全部事項証明書） □ 特別代理人候補者の住民票又は戸籍附票　　　□ 利益相反に関する資料（遺産分割協議書案，契約書案等） □ （利害関係人からの申立ての場合）利害関係を証する資料 □

<table>
<tr>
<td rowspan="5" style="text-align:center">申

立

人</td>
<td style="text-align:center">住　所</td>
<td colspan="2">〒 ○○○ － ○○○○　　　　　　　　　　電話　○○（○○○○）○○○○
東京都渋谷区上原○丁目○○番○○号 （　　　　方）</td>
</tr>
<tr>
<td style="text-align:center">フリガナ
氏　名</td>
<td>コウノ　　オツコ
甲 野 乙 子</td>
<td>昭和
㋩平成㋪
令和 ○年○月○日生
（　○○　歳）　職業　なし</td>
</tr>
<tr>
<td style="text-align:center">フリガナ
氏　名</td>
<td></td>
<td>昭和
平成
令和　年　月　日生
（　　　歳）　職業</td>
</tr>
<tr>
<td style="text-align:center">未成年者
との関係</td>
<td colspan="2">※　　1 父母　　2 父　　③ 母　　4 後見人　　5 利害関係人</td>
</tr>
</table>

<table>
<tr>
<td rowspan="4" style="text-align:center">未

成

年

者</td>
<td style="text-align:center">本　籍
（国　籍）</td>
<td>東京 ㋳都 道
府県　東京都渋谷区上原○丁目○○番○○号</td>
</tr>
<tr>
<td style="text-align:center">住　所</td>
<td>〒 　－　　　　　　　　電話（　　　）
申立人の住所地と同じ　（　　　　方）</td>
</tr>
<tr>
<td style="text-align:center">フリガナ
氏　名</td>
<td>コウノ　　ヘイタロウ
甲 野 丙 太 郎　　　　㋩平成㋪令和 ○年 ○月 ○日生（　○○　歳）</td>
</tr>
<tr>
<td style="text-align:center">職　業
又は
在校名</td>
<td>○○　中学校</td>
</tr>
</table>

（注）　太枠の中だけ記入してください。　　※の部分は，当てはまる番号を○で囲んでください。

申　　立　　て　　の　　趣　　旨
特 別 代 理 人 の 選 任 を 求 め る 。

<table>
<tr><th colspan="2">申　　立　　て　　の　　理　　由</th></tr>
<tr><th>利 益 相 反 す る 者</th><th>利 益 相 反 行 為 の 内 容</th></tr>
<tr>
<td>※
① 親権者と未成年者との間で利益が相反する。

2　同一親権に服する他の子と未成年者との間で利益が相反する。

3　後見人と未成年者との間で利益が相反する。

4　その他（

　　）</td>
<td>※
① 被相続人亡　　甲野一郎　　の遺産を分割するため
2　被相続人亡　　　　　　　の相続を放棄するため
3　身分関係存否確定の調停・訴訟の申立てをするため
　　　　　　　　　　　1　抵当権
4　未成年者の所有する物件に　　　　　を設定するため
　　　　　　　　　　　2　根抵当権
5　その他（　　　　　　　　　　　　　　　　　　）

（その詳細）
申立人の夫、未成年者の父である被相続人亡甲野一郎
（令和〇年〇月〇日死亡）の遺産につき，遺産分割の
協議をするため。</td>
</tr>
</table>

特別代理人候補者	住　　所	〒○○○ － ○○○○　　　　　　　電話　○○（○○○○）○○○○ 東京都新宿区荒木町○○番地の○　　　（　　　　方)
	フリガナ 氏　　名	オツヤマ　　ジロウ 乙 山 二 郎　　昭和/⦿平成　○年○月○日生 （　○○　歳)
	未成年者との関係	母方の叔父

職業　会社員

(注)　太枠の中だけ記入してください。　※の部分については，当てはまる番号を○で囲み，利益相反する者欄の4及び利益相反行為の内容欄の5を選んだ場合には，（　　）内に具体的に記入してください。

14 相続財産清算人と特別縁故者

◉ 相続人が存在するかどうかが明らかでないときはどうなるか

　相続人が存在するかどうかが明らかではない場合（相続人の全員が相続放棄をして、相続する者がいなくなった場合も含みます）は、「相続財産清算人」によって相続財産の清算が行われます。相続財産清算人は、利害関係人または検察官の請求によって、家庭裁判所が選任します。選任を求める申立書（**書式13**）には、選任を求める理由や遺産の状況を記載します。選任された相続財産清算人は、被相続人の債権者等に対して被相続人の債務の支払いなどを行い、相続財産の清算を行い、清算後に残った財産は国庫に帰属することになります。

　また、このような清算が行われた後、さらに相続財産が残った場合、「特別縁故者」に対する相続財産分与がなされる場合もあります。特別縁故者とは、被相続人と一定の特別の縁故があった者のことです。内縁関係の夫や妻、生計を同じくしていた者、療養看護に努めた者などが特別縁故者にあたります。家庭裁判所は、相当と認める時は、特別縁故者に対して、清算後に残存する相続財産の全部または一部を与えることができるとされており、特別縁故者は、家庭裁判所に対して財産分与の申立てをすることができます。

　申立書（**書式14**）には、申立人が特別縁故者に該当すること、相続人の捜索について公告などの手続きを行ったものの相続人がいなかったことを記載します。申立ては、相続人不存在の公告期間の満了後3か月以内に行う必要があります。相続財産分与の申立てがあると、家庭裁判所は、相続財産の内容、特別縁故者の縁故の度合い、生活状況など一切の事情を考慮して、財産分与の可否を判断し、分与を行う場合はその内容、程度を決めます。

書式13　相続財産清算人の選任の申立書……………………

受付印	家 事 審 判 申 立 書　事件名（相続財産清算人選任）

（この欄に申立手数料として1件について８００円分の収入印紙を貼ってください。）

印

紙

（貼った印紙に押印しないでください。）

（注意）登記手数料としての収入印紙を納付する場合は，登記手数料としての収入印紙は貼らずにそのまま提出してください。

収入印紙	円
予納郵便切手	円
予納収入印紙	円

準口頭		関連事件番号　平成・令和　　年（家　　）第　　　　　　　　号

○○ 家 庭 裁 判 所 御 中 令和 ○ 年 ○ 月 ○ 日	申 立 人 （又は法定代理人など） の 記 名 押 印	丙 田 杉 男　　㊞

添付書類	（審理のために必要な場合は，追加書類の提出をお願いすることがあります。）

申 立 人	本　　籍 （国　籍）	（戸籍の添付が必要とされていない申立ての場合は，記入する必要はありません。） 都　道 府　県
	住　　所	〒 ○○○ － ○○○○　　　　電話　○○○（○○○○）○○○○ ○○県○○市○○町○丁目○番○号 （　　　　　　方）
	連 絡 先	〒　　－　　　　　　　　　　電話　　（　　　　　） （　　　　　　方）
	フリガナ 氏　　名	ヘイタ　　スギオ 丙 田 杉 男	昭和 平成 令和 ○ 年 ○ 月 ○ 日生 （　　○○　歳）
	職　　業	会社員

※ 被 相 続 人	本　　籍 （国　籍）	（戸籍の添付が必要とされていない申立ての場合は，記入する必要はありません。） ○○ 都道 府県 ○○市○○町○丁目○番地
	住　　所	〒 ○○○ － ○○○○　　　　電話　　（　　　　　） ○○県○○市○○町○丁目○番○号 （　　　　　　方）
	連 絡 先	〒　　－　　　　　　　　　　電話　　（　　　　　） （　　　　　　方）
	フリガナ 氏　　名	コウノ　　タロウ 甲 野 太 郎	昭和 平成 令和 ○ 年 ○ 月 ○ 日生 （　　　　　歳）
	職　　業	無職

（注）　太枠の中だけ記入してください。
※の部分は，申立人，法定代理人，成年被後見人となるべき者，不在者，共同相続人，被相続人等の区別を記入してください。

別表第一（ 1/　 ）

<table>
<tr><td colspan="2" align="center">申　立　て　の　趣　旨</td></tr>
</table>

被相続人の相続財産清算人を選任するとの審判を求めます。

<table>
<tr><td colspan="2" align="center">申　立　て　の　理　由</td></tr>
</table>

1　申立人は、被相続人の近所に居住する被相続人の亡妻の弟に
あたる者ですが、平成 ○○年ころから、妻に先立たれ一人暮ら
しの被相続人の身の回りの世話をし、被相続人所有の別添遺産
目録中の不動産を事実上管理してきました。

2　被相続人は、令和○年○月○日に死亡し、相続が開始しまし
たが、相続人のあることが明らかではなく、また，遺言の存否
も不明なので、申立人が管理する不動産を引き継ぐことができ
ません。このような状況にありますので、申立ての趣旨のとお
り審判を求めます。

別表第一（　／　）

(別紙)

財　産　目　録　（土　地）

番号	所　　　　在	地　番	地　目	面　積	備考
1	○○市○○町○丁目	番 ○　　○	宅　地	平方メートル 150 ┊ 00	甲野太郎 名義 建物1の 敷地

財　産　目　録　（建　物）

番号	所　　　　在	家屋番号	種　類	構　造	床　面　積	備考
1	○○市○○町○丁目 ○番地	○○	居宅	木造瓦葺 平家建	平方メートル 90 ┊ 00	甲野太郎 名義 土地1上の 建物

財　産　目　録　（現金，預・貯金，株式等）

番号	品　　　目	単　位	数　量　（金　額）	備　　考
1	○○銀行定期預金 （番号○○○－○○○○）		3,104,000円	
2	○○銀行普通預金 （番号○○○－○○○○）		800,123円	
3	○○株式会社 株式	50円	8,000株	
4	現金		4,500円	

書式14　特別縁故者に対する財産分与の申立書…………

受付印		家事審判申立書　事件名（ 特別縁故者に 対する財産分与 ）
		〈この欄に申立手数料として1件について800円分の収入印紙を貼ってください。〉 印 紙 （貼った印紙に押印しないでください。）
収入印紙　　　　円 予納郵便切手　　円 予納収入印紙　　円		（注意）登記手数料としての収入印紙を納付する場合は,登記手数料として の収入印紙は貼らずにそのまま提出してください。

準口頭		関連事件番号　平成・令和　　　年（家　　　）第　　　　　　　号

○○　家庭裁判所 　　　　　　　御中 令和○年○月○日	申　立　人 （又は法定代理人など） の記名押印	甲　野　花　子　㊞

添付書類	（審理のために必要な場合は,追加書類の提出をお願いすることがあります。）

	本　籍 （国　籍）	（戸籍の添付が必要とされていない申立ての場合は,記入する必要はありません。） 　　　　　　都　道 　　　　　　府　県
申 立 人	住　所	〒○○○ － ○○○○　　　　　　　　　電話　○○○（○○○○）○○○○ ○○県○○市○○町○丁目○番○号 （　　　　　　　　　方）
	連絡先	〒　　　－　　　　　　　　　　　　　電話　　　（　　　　　） （　　　　　　　　　方）
	フリガナ 氏　名	コウノ　　　ハナコ 甲　野　花　子	昭和 平成○年○月○日生 令和（　　○○歳）
	職　業	無職

※ 被 相 続 人	本　籍 （国　籍）	（戸籍の添付が必要とされていない申立ての場合は,記入する必要はありません。） 　　　　　　都　道 　　　　　　府　県
	最後の 住　所	〒　　　－ 申立人の住所と同じ	電話　　　（　　　） （　　　　　方）
	連絡先	〒　　　－　　　　　　　　　　　　　電話　　　（　　　） （　　　　　方）
	フリガナ 氏　名	オツカワ　イチロウ 乙　川　一　郎	昭和 平成○年○月○日生 令和（　　　歳）
	職　業	

（注）　太枠の中だけ記入してください。
※の部分は,申立人,法定代理人,成年後見人となるべき者,不在者,共同相続人,被相続人等の区別を記入してください。

別表第一（ 1/　　 ）

申　立　て　の　趣　旨

申立人に対し、被相続人の相続財産を分与するとの審判を求めます。

申　立　て　の　理　由

1　申立人は、平成○年○月○日から被相続人の内縁の妻として同棲してきました。ここ5年間は、被相続人が病床についたため、同人の療養看護に努めてきました。

2　被相続人は、令和○年○月○日死亡しましたが、相続人がないので、私の申立てにより、令和○年○月○○家庭裁判所において相続財産清算人として丙野杉男が選任され、同裁判所は相続人捜索の公告をし、令和○年○月○日に公告期間は満了しましたが、権利の申し出はありませんでした。

3　被相続人には、別紙目録のとおり遺産があり、この遺産は申立人の協力・寄与によって得たものですが、被相続人の遺言はありません。

4　よって、相続債務清算後の残余財産は、被相続人と特別縁故関係にある申立人に分与されたくこの申立てをします。

別表第一（　/　）

(別紙)

財　産　目　録　（土　地）

番号	所　　　在	地　番	地目	面　積	備考
1	○○市○○町○丁目	番 ○ ○	宅地	平方メートル 150 00	乙川一郎名義 建物1の敷地

財　産　目　録　（建　物）

番号	所　　　在	家屋番号	種類	構造	床面積	備考
1	○○市○○町○丁目○番地	○○	居宅	木造瓦葺平家建	平方メートル 90 00	乙川一郎名義 土地1上の建物

財　産　目　録　（現金，預・貯金，株式等）

番号	品　　目	単位	数量（金額）	備考
1	○○銀行定期預金（番号○○○－○○○○）		3,104,000円	
2	○○銀行普通預金（番号○○○－○○○○）		800,123円	
3	○○株式会社 株式	50円	8,000株	
4	現金		4,500円	

15 失踪宣告・および不在者の財産管理

● 失踪宣告があった場合には相続が開始する

　人が行方不明であるなど、生死が不明の状態が長期間続いている場合、民法は、その人の配偶者や相続人などの利害関係者が家庭裁判所に失踪宣告を申し立てることで、一定期間が（生存が最後に確認されているときから起算して7年間）経過したときに、死亡したものとみなすとしています。失踪宣告は、生死不明の者を民法上、死亡したものとして取り扱う制度であり、失踪宣告があった場合には、相続が開始し、生死不明者である被相続人の財産は、相続人に承継されます。

　生死不明とは、生きている証明も、死んでいる証明もできない状態にあることをいいます。たとえば、事故や災害で死亡したことが明白な場合でも、遺体が発見されないと死体検案書が作成されないため、死亡届を提出できません。このような場合にも、関係者の利害を害さないために失踪宣告が必要になります。事故や災害を管轄する官公署（役所）が、死亡を確定し、死亡した住所地の市区町村役場に死亡を報告します。この報告に基づいて、戸籍にいったん「死亡」と記載されます。その後生死不明で1年が経過した後、失踪宣告が確定し、正式に戸籍から抹消されます。

● 普通失踪と特別失踪がある

　失踪宣告は家庭裁判所がする審判です。この審判は利害関係人の請求によって行われます。申立書（**書式15**）には、民法上の失踪宣告に該当する事情が発生していることを記載します。失踪宣告によって失踪者は死亡したとみなされ、配偶関係なども終了し、相続も発生します。失踪宣告には普通失踪と特別失踪（危難失踪）の2つがありま

す。いずれの場合も、家庭裁判所が失踪を認めると、被相続人は死亡したものとみなされて、相続が開始されます。

① 普通失踪

　行方がわからなくなったときから7年以上経過し生死の確認ができない状態にあるとき失踪宣告の請求ができます。その後6か月間の公示期間を経て失踪宣告が行われると死亡とみなされます。

② 特別失踪（危難失踪）

　海や山での遭難、船舶や飛行機での事故、戦争など、特別な理由、場所で危難に遭遇し、危難に出会った者が危難の去った後、1年以上生死が不明な状態の場合には、危難の去った時点で死亡したとみなされます。失踪宣告後に、失踪者が生存していたこと、または別の時期に死亡していたことが証明されたときは、本人または利害関係者が家庭裁判所に取消しを求めることができます。失踪宣告によって財産を得た者（普通は相続人）は失踪宣告の取消しによって権利を失いますが、現に利益を受けている限度で財産を返還すればよいことになっています。たとえば相続した金銭を遊興費として使った場合、その価額を返還する必要はありませんが、生活費にあてた場合にはその価額を返還する必要があります。

● 不在者の財産管理人の選任

　届出をしている住所では生活しておらず、いつ戻って来るかどうかわからない者が不在者です。不在者に財産があり、管理する必要がある場合、配偶者や債権者などは不在者の財産管理人選任の申立てをすることができます。申立書（**書式16**）には、選任を求める財産管理人の氏名・住所を記載し、財産目録を添付します。

書式15　失踪宣告の申立書·····································

受付印	家 事 審 判 申 立 書　事件名（　**失踪宣告**　）
	（この欄に申立手数料として1件について８００円分の収入印紙を貼ってください。）

収入印紙	円
予納郵便切手	円
予納収入印紙	円

（貼った印紙に押印しないでください。）
（注意）登記手数料としての収入印紙を納付する場合は，登記手数料としての収入印紙は貼らずにそのまま提出してください。

準口頭		関連事件番号　平成・令和　　　年（家　　　）第　　　　　　　　　号

東京 家庭裁判所 御 中 令和 ○ 年○○月 ○○日	申　立　人 （又は法定代理人など） の 記 名 押 印	**甲 野 乙 男** 印

添付書類	（審理のために必要な場合は，追加書類の提出をお願いすることがあります。）

	本　籍 （国　籍）	（戸籍の添付が必要とされていない申立ての場合は，記入する必要はありません。） **東京** 都道 府県　　**渋谷区上原○丁目○○番○○号**
申立人	住　所	〒 ○○○ － ○○○○　　　　電話 ○○ （○○○○）○○○○ **東京都渋谷区上原○○丁目○○番○○号** （　　　　　　　方）
	連絡先	〒　　　－　　　　　　　　電話　　　　（　　　　） （　　　　　　方）
	フリガナ 氏　名	コウノ　　オツオ **甲 野 乙 男**	昭和 平成 令和 ○○年 ○ 月 ○ 日生 （ ○○ 歳）
	職　業	**会社員**

※	本　籍 （国　籍）	（戸籍の添付が必要とされていない申立ての場合は，記入する必要はありません。） **東京** 都道 府県　　**渋谷区上原○○丁目○○番○○号**
不在者	住　所	〒 ○○○ － ○○○○　　　　電話 ○○ （○○○○）○○○○ **東京都新宿区荒木町○○丁目○○番○号** （　　　　　　　方）
	連絡先	〒　　　－　　　　　　　　電話　　　　（　　　　） （　　　　　　方）
	フリガナ 氏　名	コウノ　　オツジロウ **甲 野 乙 二 郎**	昭和 平成 令和 ○○ 年 ○ 月 ○ 日生 （ ○○ 歳）
	職　業	**会社員**

（注）　太枠の中だけ記入してください。
※の部分は，申立人，法定代理人，成年被後見人となるべき者，不在者，共同相続人，被相続人等の区別を記入してください。

別表第一（ 1/　　 ）

```
┌─────────────────────────────────────────────┐
│          申　立　て　の　趣　旨               │
├─────────────────────────────────────────────┤
│ 不在者に対し，失踪の宣告を求める。            │
│                                               │
│                                               │
│                                               │
└─────────────────────────────────────────────┘

┌─────────────────────────────────────────────┐
│          申　立　て　の　理　由               │
├─────────────────────────────────────────────┤
│ 1　申立人は，不在者の父です。                 │
│ 2　不在者は，平成〇年〇月〇日の朝，会社に出勤をし，同日 │
│　　夜9時頃，取引先のもとから自宅に帰宅するとの電話連絡が │
│　　ありましたが，帰宅しませんでした。         │
│　　申立人は，警察に捜索願いを提出するとともに，不在者の行 │
│　　方を捜しましたが，その所在は今日まで判明しません。 │
│ 3　不在者が行方不明となって7年以上が経過し，その生死が │
│　　不明であり，不在者が帰来する見込みもありませんので， │
│　　申立ての趣旨のとおりの審判を求めます。     │
│                                               │
│                                               │
│                                               │
│                                               │
│                   別表第一（　／　）          │
└─────────────────────────────────────────────┘
```

書式16　不在者の財産管理人選任の申立書………………

受付印	**家 事 審 判 申 立 書　事件名（不在者財産管理人選任）**
	（この欄に申立手数料として1件について800円分の収入印紙を貼ってください。）

収入印紙	円	（貼った印紙に押印しないでください。）
予納郵便切手	円	（注意）登記手数料としての収入印紙を納付する場合は，登記手数料として
予納収入印紙	円	の収入印紙は貼らずにそのまま提出してください。

準口頭		関連事件番号　平成・令和　　　年（家　　　）第　　　　　　　　号

東京 家 庭 裁 判 所 御 中 令和 ○ 年○○月 ○○日	申 立 人 （又は法定代理人など） の 記 名 押 印	**甲 野 乙 子** 印

添付書類	（審理のために必要な場合は，追加書類の提出をお願いすることがあります。）

	本　籍 （国　籍）	（戸籍の添付が必要とされていない申立ての場合は，記入する必要はありません。） **東京** ㊉道 府県 **渋谷区上原○丁目○○番○○号**
申 立 人	住　所	〒 ○○○ － ○○○　　　　　　　　　電話　　○○（○○○○）○○○○ **東京都渋谷区上原○○丁目○○番○○号** 　　　　　　　　　　　　　　　　方）
	連絡先	〒　　　－　　　　　　　　　　　　　　電話　　　（　　　　） （　　　　　　　　　　方）
	フリガナ 氏　名	コウノ　　　オッコ **甲 野 乙 子**	㊋昭和 平成 令和 ○○年 ○ 月 ○ 日生 （　　○○　　歳）
	職　業	**会社員**

※	本　籍 （国　籍）	（戸籍の添付が必要とされていない申立ての場合は，記入する必要はありません。） **東京** ㊉道 府県 **渋谷区上原○丁目○○番○○号**
不 在 者	住　所	〒 ○○○ － ○○○　　　　　　　　　電話　　　（　　　　） **東京都新宿区荒木町○丁目○○番○○号 ○○マンション○○号室** 　　　　　　　　　　　　　　　　方）
	連絡先	〒　　　－　　　　　　　　　　　　　　電話　　　（　　　　） （　　　　　　　　　　方）
	フリガナ 氏　名	コウノ　　　オツジロウ **甲 野 乙 二 郎**	㊋昭和 平成 令和 ○○ 年 ○ 月 ○ 日生 （　　○○　　歳）
	職　業	**会社員**

（注）　太枠の中だけ記入してください。
※の部分は，申立人，法定代理人，成年被後見人となるべき者，不在者，共同相続人，被相続人等の区別を記入してください。

別表第一（1/　　）

<table>
<tr><td colspan="1">申　立　て　の　趣　旨</td></tr>
</table>

申　　立　　て　　の　　趣　　旨
不在者の財産の管理人を選任する審判を求める。

申　　立　　て　　の　　理　　由
1　申立人は，不在者の母です。
2　不在者は平成○年○月○日旅行に行くとでかけて以来音信不通となり，知人や会社の同僚に連絡をして行くを探しましたが，現在までその所在は判明しません。
3　令和○年○月○日に不在者の父・乙男が死亡し，父・乙男所有の不動産につき，不在者がその共有持分（4分の1）を取得しました。また，不在者に負債等はありません。
4　このたび，亡乙男の共同相続人間で遺産分割協議をすることになりましたが，不在者は財産管理人を置いていないため，分割協議ができないので，申立ての趣旨のとおりの審判を求めます。

別表第一（　　/　　）

【監修者紹介】

森 公任（もり こうにん）

昭和26年新潟県出身。中央大学法学部卒業。1980年弁護士登録（東京弁護士会）。1982年森法律事務所設立。おもな著作（監修書）に、『公正証書のしくみと実践書式集』『著作権の法律問題とトラブル解決法』『インターネットの法律とトラブル対策』『入門図解 親子の法律問題【離婚・親子関係・いじめ・事故・虐待】解決の知識』『三訂版 仮差押・仮処分の法律と手続き』『図解で早わかり 裁判・訴訟の基本と手続き』など（小社刊）がある。

森元 みのり（もりもと みのり）

弁護士。2003年東京大学法学部卒業。2006年弁護士登録（東京弁護士会）。同年森法律事務所 入所。おもな著作（監修書）に、『公正証書のしくみと実践書式集』『著作権の法律問題とトラブル解決法』『インターネットの法律とトラブル対策』『入門図解 親子の法律問題【離婚・親子関係・いじめ・事故・虐待】解決の知識』『三訂版 仮差押・仮処分の法律と手続き』『図解で早わかり 裁判・訴訟の基本と手続き』など（小社刊）がある。

森法律事務所
家事事件、不動産事件等が中心業務。
〒104-0033 東京都中央区新川２−15−３ 森第二ビル
電話03-3553-5916 http：//www.mori-law-office.com

すぐに役立つ
入門図解 最新
家事事件手続法のしくみと手続き 実践書式50

2023年８月30日 第１刷発行

監修者	森公任 森元みのり
発行者	前田俊秀
発行所	株式会社三修社
	〒150-0001 東京都渋谷区神宮前2-2-22
	TEL 03-3405-4511 FAX 03-3405-4522
	振替 00190-9-72758
	https://www.sanshusha.co.jp
	編集担当 北村英治
印刷所	萩原印刷株式会社
製本所	牧製本印刷株式会社

©2023 K. Mori & M. Morimoto Printed in Japan
ISBN978-4-384-04922-0 C2032